AF600738

RICHARD WATHEN
New Eyes Every Time

DISTANZ

MOSTYN

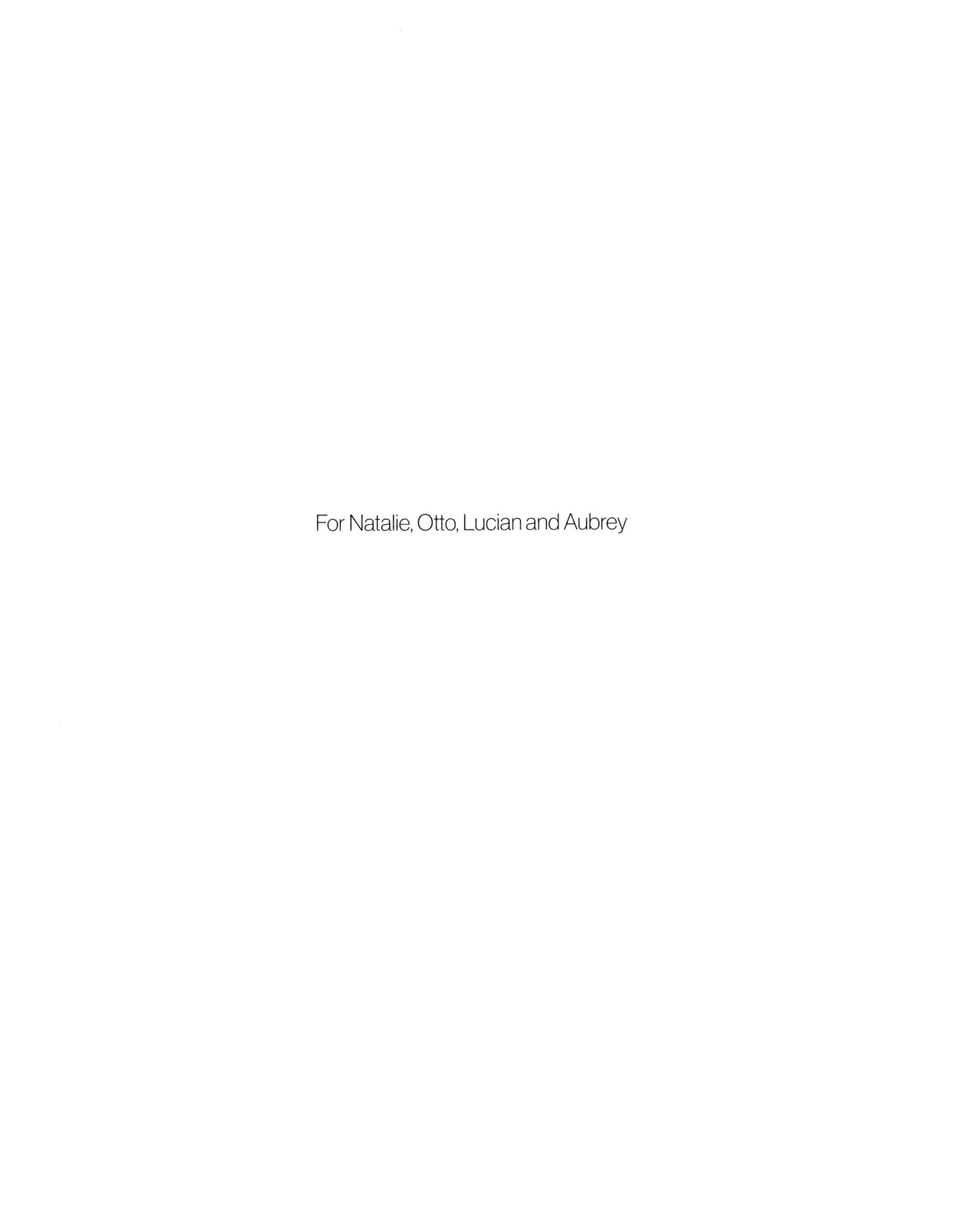

For Natalie, Otto, Lucian and Aubrey

On Transience

Alfredo Cramerotti

In the last few years I have become increasingly keen to delve into images that aren't anchored by their content or defined by their stated aim, but rather are characterised by their transience, their 'performance' so to speak. I am referring here to that morphing from one state into another, that continuous shapeshifting of images that circulate and never stand still, which is typical of the digital era. But the intriguing fact is that this is a phenomenon I observe, not only with online culture but with material artefacts too: graffiti that turns up in auctions as artworks; billboard advertisements repurposed as political campaigns; health notices that run into mass participatory movements; the LGBTQI+ rainbow flag appearing on every window as NHS unofficial logo sketched by children. I am fascinated by an image's journey from one physical 'system' to the next.

As Hu[1] points out (2015: p. 143), the act of making images, whether by human intervention or automated by machines, is a form of reconciliation not between the world out there and its representation, but between the world of information and that of the mind. That information-output and mind-input is never stable, always negotiable and far from any defined rules of interpretation or mediation. This 'performativity' of the image (i.e. the potential for a performance of a visual item) implies, I argue, a pull between this suspended status of the image, which we fast-track through our actions, and the attempt to contextualise and make sense of the result in a definitive way. We face daily a situation where we cannot determine what an image brings with it, how it will be used, for what purpose, and under what conditions. Neither do we have a precise reference point for the circumstances that generated that image (human- or machine-made), let alone any intentions behind it.

Nevertheless, we think we can pin down a meaning attached to a visual or, at least, we have certain expectations in terms of the clarity of its interpretation. However, we are, in fact, assigning a value (figurative or intrinsic) to something that completely eschews the value system. This creates a tension between the state of suspension of an image and its place in history, or in one's life. I speculate that it is for this very reason that I find myself attracted to those images that embrace the transience of their being, rather than demanding of me a precise understanding.

I imagine myself enveloped in a visual life, and an image-driven world, where the point is not the final output. Rather it is the version, the halfway journey, the excursion that is the main thing. The redefinition of the meaning of an image is something that has happened organically throughout the history of human culture. I am talking about more than that, the ability to assign a specific, 'permanently variable' agency to that image instead of to its author or mediator. And my contention is that that agency will design a reality to come. Whether this will be pivotal to our age, the factor characterising our (visual) lives, time will tell, but I am already preparing for it.

[1] Hu, Tung-Hui, *A Prehistory of the Cloud.* Cambridge, MA and London: MIT Press, 2015, p. 143.

Am Fyrhoedledd

Alfredo Cramerotti

Yn ystod y blynyddoedd diwethaf, rwyf wedi dod yn fwyfwy awyddus i ymchwilio i ddelweddau sydd heb eu hangori gan eu cynnwys neu eu diffinio gan eu bwriad gwreiddiol, ond yn hytrach sy'n cael eu nodweddu gan eu byrhoedledd, eu 'perfformiad' fel petai. Rwy'n cyfeirio at y morffio hwnnw o un cyflwr i'r llall, y newid siapiau parhaus o ddelweddau sy'n cylchredeg a byth yn sefyll yn eu hunfan, sy'n nodweddiadol o'r oes ddigidol. Ond y ffaith ddiddorol yw bod hon yn ffenomen rwy'n sylwi arni, nid yn unig gyda diwylliant ar-lein ond gydag arteffactau materol hefyd: graffiti sy'n cyrraedd arwerthiannau fel gweithiau celf; hysbysebion ar hysbysfyrddau sydd wedi'u hail-greu fel ymgyrchoedd gwleidyddol; hysbysiadau iechyd sy'n arwain at symudiadau cyfranogiad torfol; baner enfys LGBTQI+ sy'n ymddangos ar bob ffenest fel logo answyddogol y GIG wedi'u creu gan blant. Mae gen i ddiddordeb yn siwrnai'r ddelwedd o un 'system' ffisegol i'r nesaf.

Fel y dywedodd Hu[1] (2015: t. 143), mae'r weithred o greu delweddau, boed drwy ymyrraeth ddynol neu wedi'u hawtomeiddio gan beiriannau, yn gymod o ryw fath, nid rhwng y byd a'i gynrychiolaeth, ond rhwng y byd gwybodaeth a byd y meddwl. Nid yw'r allbwn gwybodaeth a'r mewnbwn meddwl byth yn sefydlog, wastad yn destun trafod ac yn bell o unrhyw reolau dehongli neu gyfryngu pendant. Mae'r 'perfformiad' hwn o'r ddelwedd (h.y. y potensial i berfformio eitem weledol) yn awgrymu, rwy'n dadlau, y tynnu rhwng statws crog y ddelwedd, sy'n cyflymu drwy ein gweithredoedd, a'r ymgais i gyd-destunoli a gwneud synnwyr o'r canlyniad mewn ffordd ddiffiniol. Rydym yn wynebu sefyllfa ddyddiol lle na allwn benderfynu beth ddaw gyda'r ddelwedd, sut bydd yn cael ei defnyddio, at ba bwrpas, ac o dan ba amodau. Nid oes gennym chwaith bwynt cyfeirio manwl gywir ar gyfer yr amgylchiadau a greodd y ddelwedd honno (wedi'i gwneud gan bobl neu beiriannau), heb sôn am unrhyw fwriadau y tu ôl iddi.

Beth bynnag, credwn y gallwn nodi'r ystyr sydd ynghlwm wrth y gweledol neu, o leiaf, mae gennym ddisgwyliadau penodol o ran eglurder ei ddehongliad. Serch hynny, rydym mewn gwirionedd yn neilltuo gwerth (ffigurol neu gynhenid) i rywbeth sy'n osgoi'r system werth yn llwyr. Mae hyn yn creu tensiwn rhwng cyflwr crog y ddelwedd a'i lle mewn hanes, neu ym mywyd rhywun. Rwy'n dyfalu mai am yr union reswm hynny rwy'n cael fy nenu at y delweddau hynny sy'n cofleidio byrhoedledd eu bod, yn hytrach na'i ddeall yn union.

Rwy'n dychmygu fy hun wedi fy amgylchynu mewn bywyd gweledol, a byd sy'n cael ei lywio gan ddelwedd, lle nad yr allbwn terfynol yw'r pwynt. Yn hytrach, y fersiwn, y daith hanner ffordd, y siwrnai yw'r prif beth. Mae ailddiffinio ystyr delwedd yn rhywbeth sydd wedi digwydd yn organig drwy gydol hanes diwylliant dynol. Rwy'n siarad am fwy na hynny, y gallu i aseinio cyfrwng penodol, 'barhaol amrywiol' i'r ddelwedd honno yn hytrach nag i'w hawdur neu gyfryngwr. Yr hyn rwy'n ei ddadlau yw y bydd y cyfrwng hwnnw'n cynllunio'r realiti sydd ar y gweill. P'un a fydd hyn yn ganolog i'n hoes neu beidio, y ffactor sy'n nodweddu ein bywydau (gweledol), amser a ddengys, ond rwy'n paratoi ar ei gyfer yn barod.

[1] Hu, Tung-Hui, *A Prehistory of the Cloud.* Cambridge, MA and London: MIT Press, 2015, p. 143.

Figment, 2020

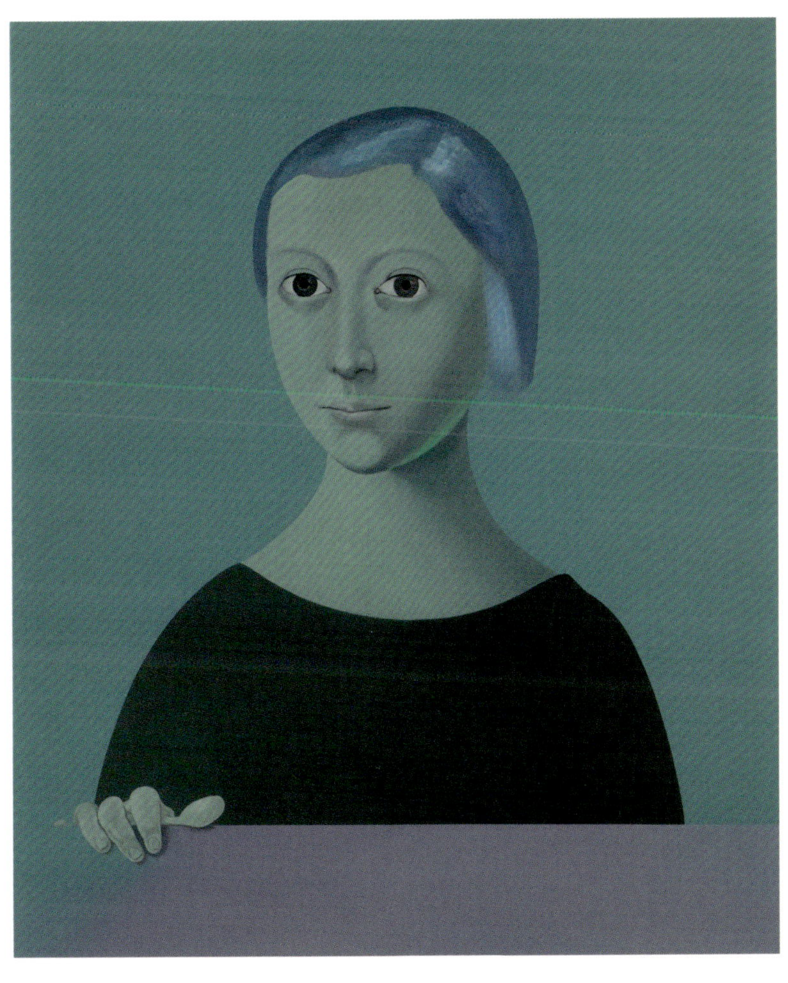

Eavesdropper, 2020

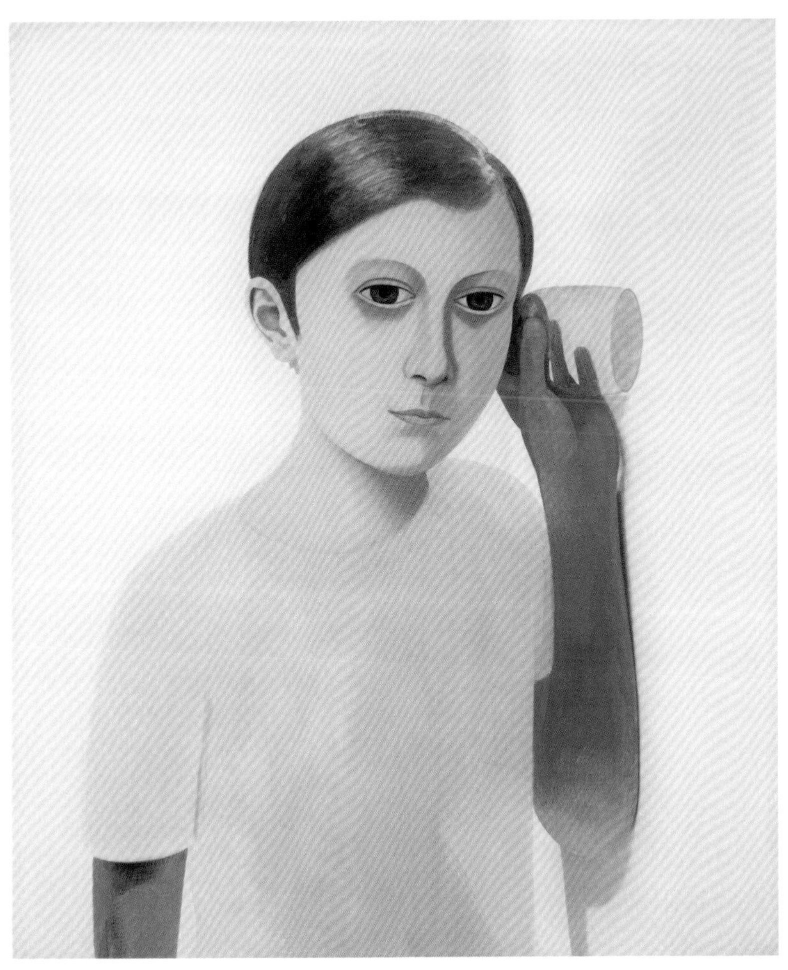

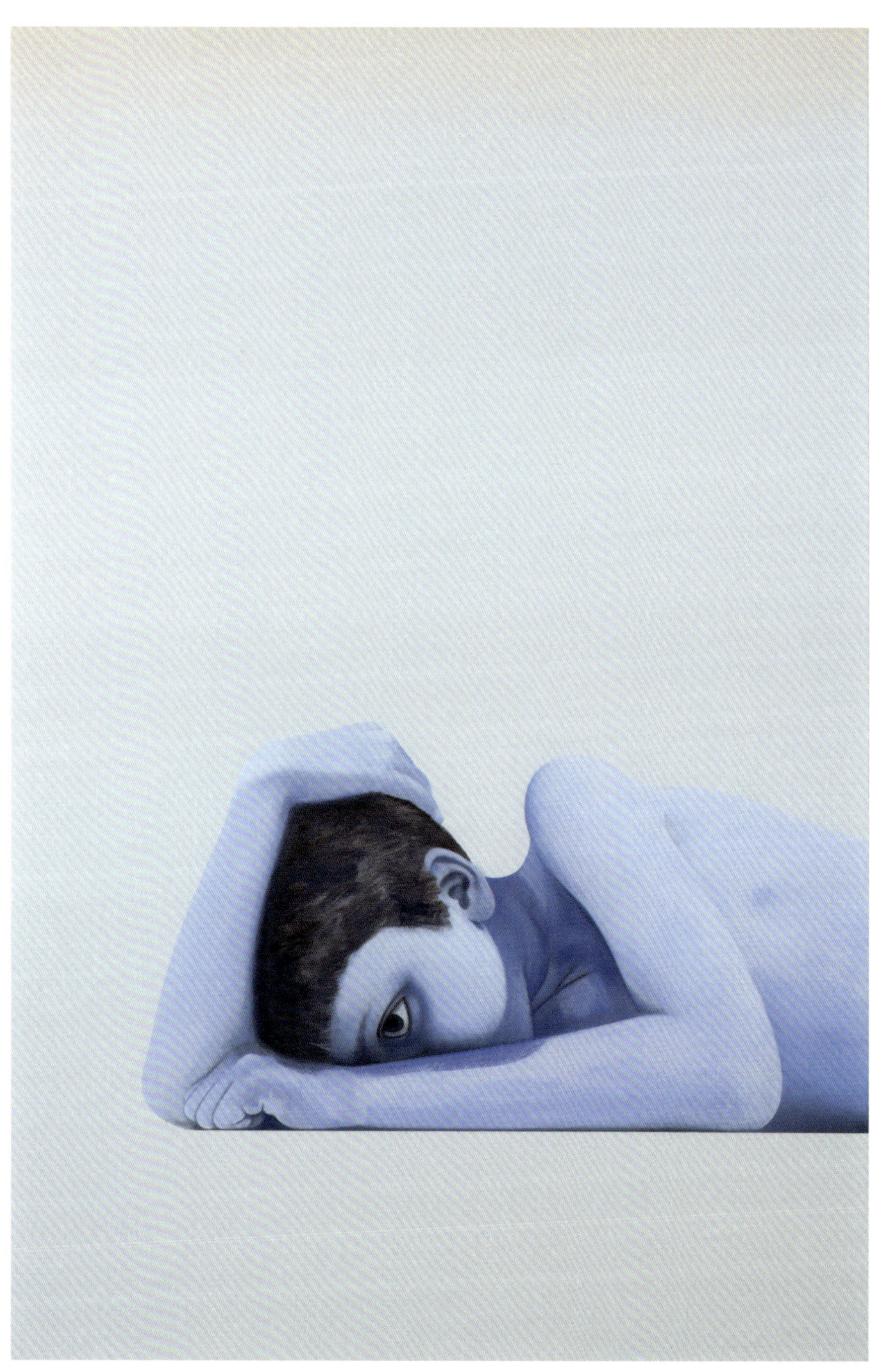

Sleeping after P.G, 2019

Silent Stories, 2020

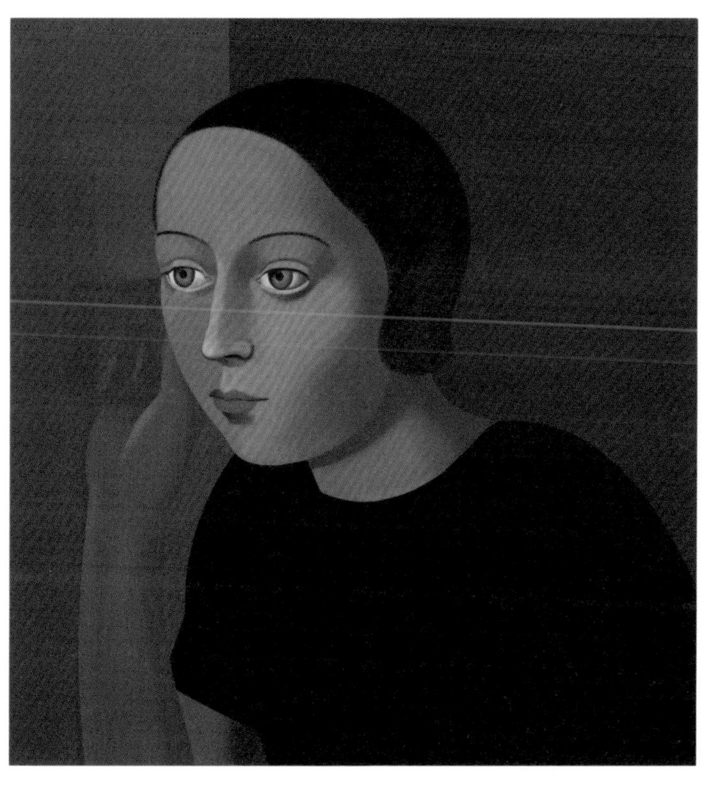

Floating in Still Water, 2019
Next page: Jetty, 2020

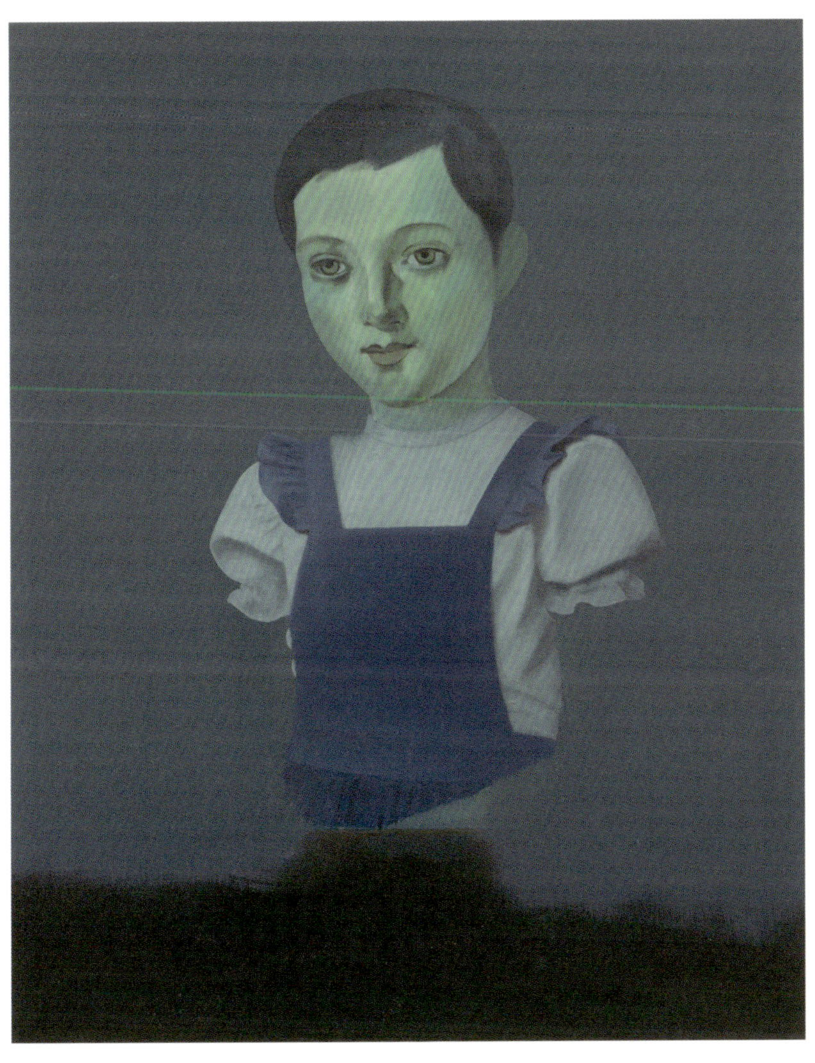

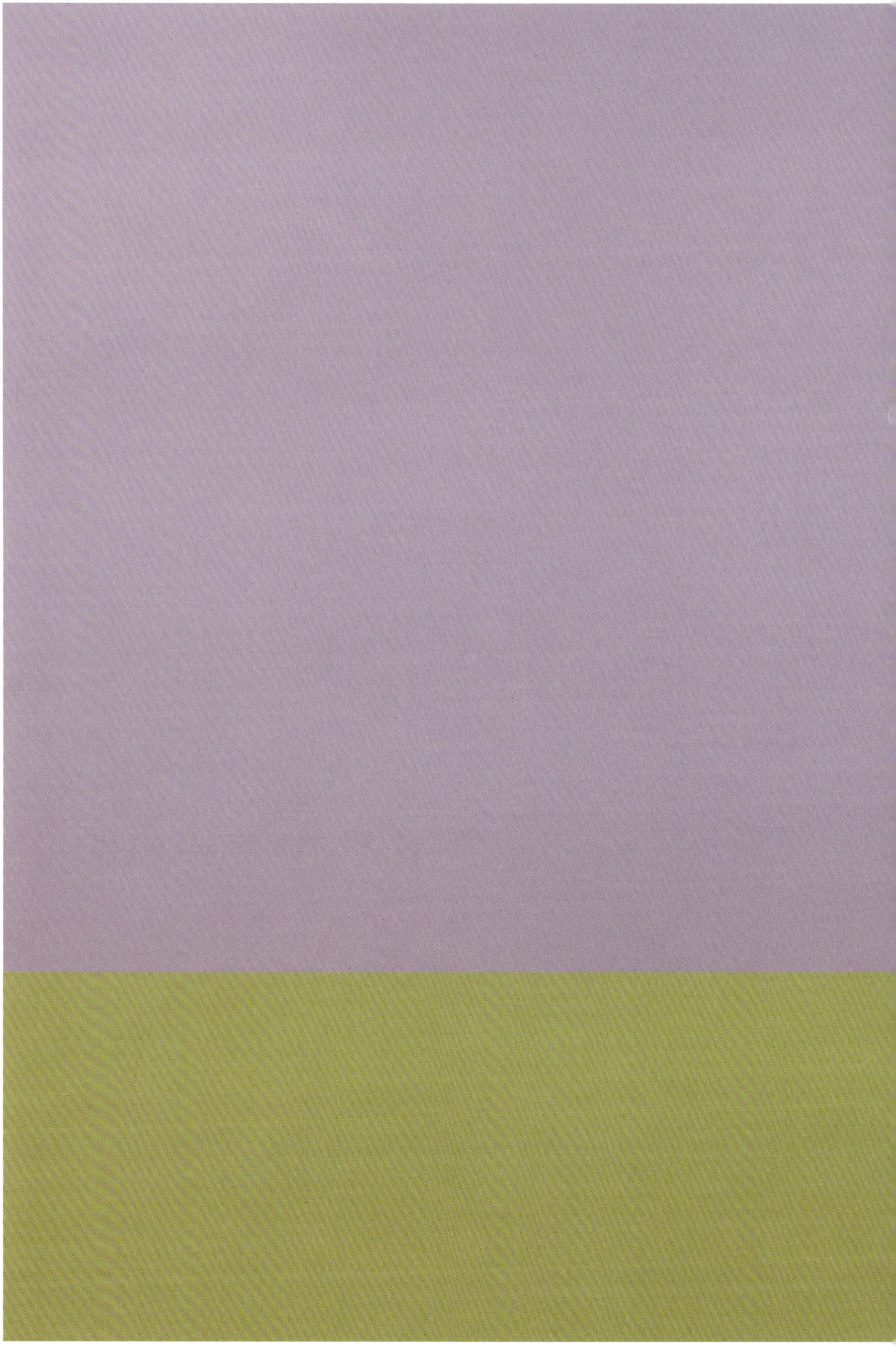

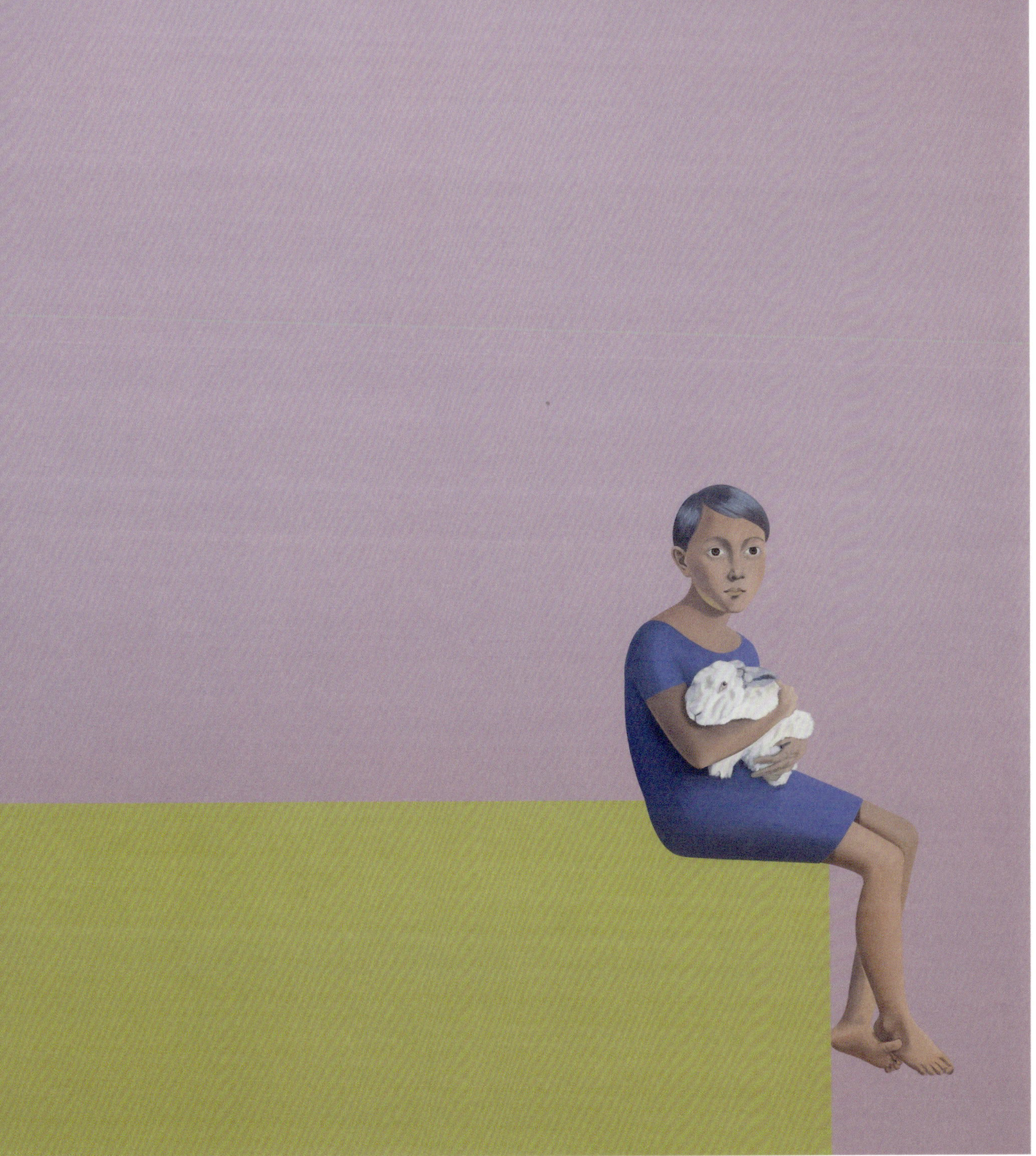

Taraxacum, 2020

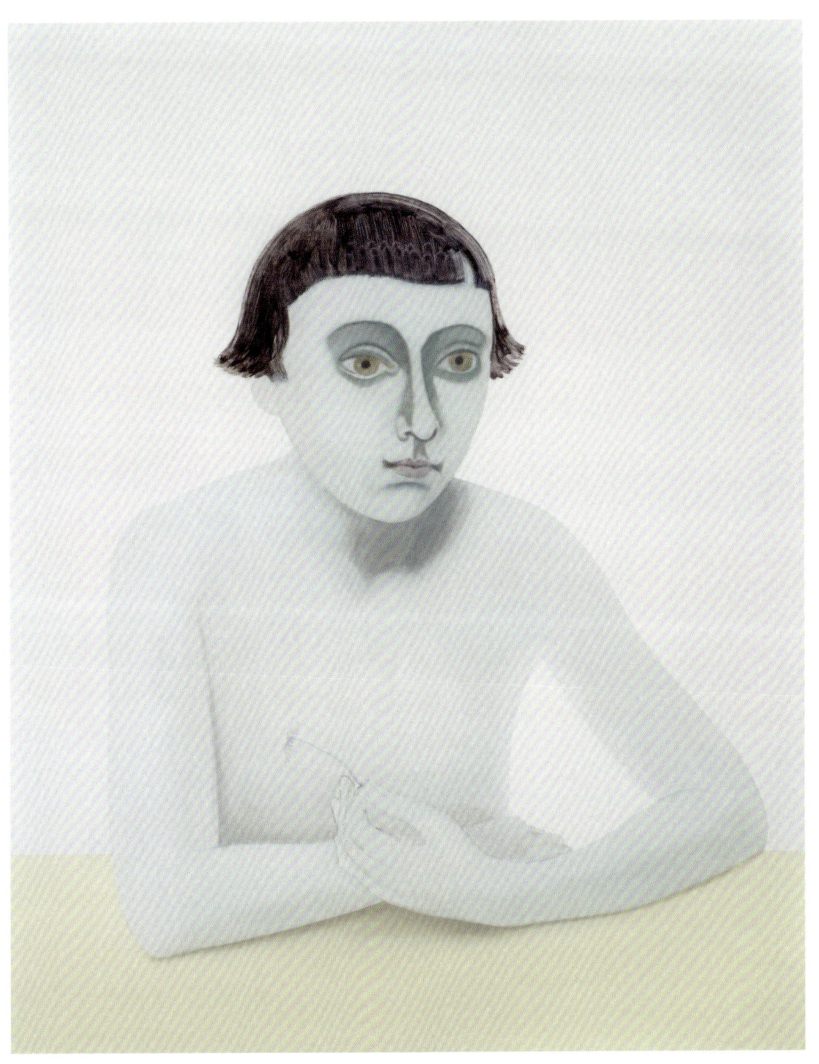

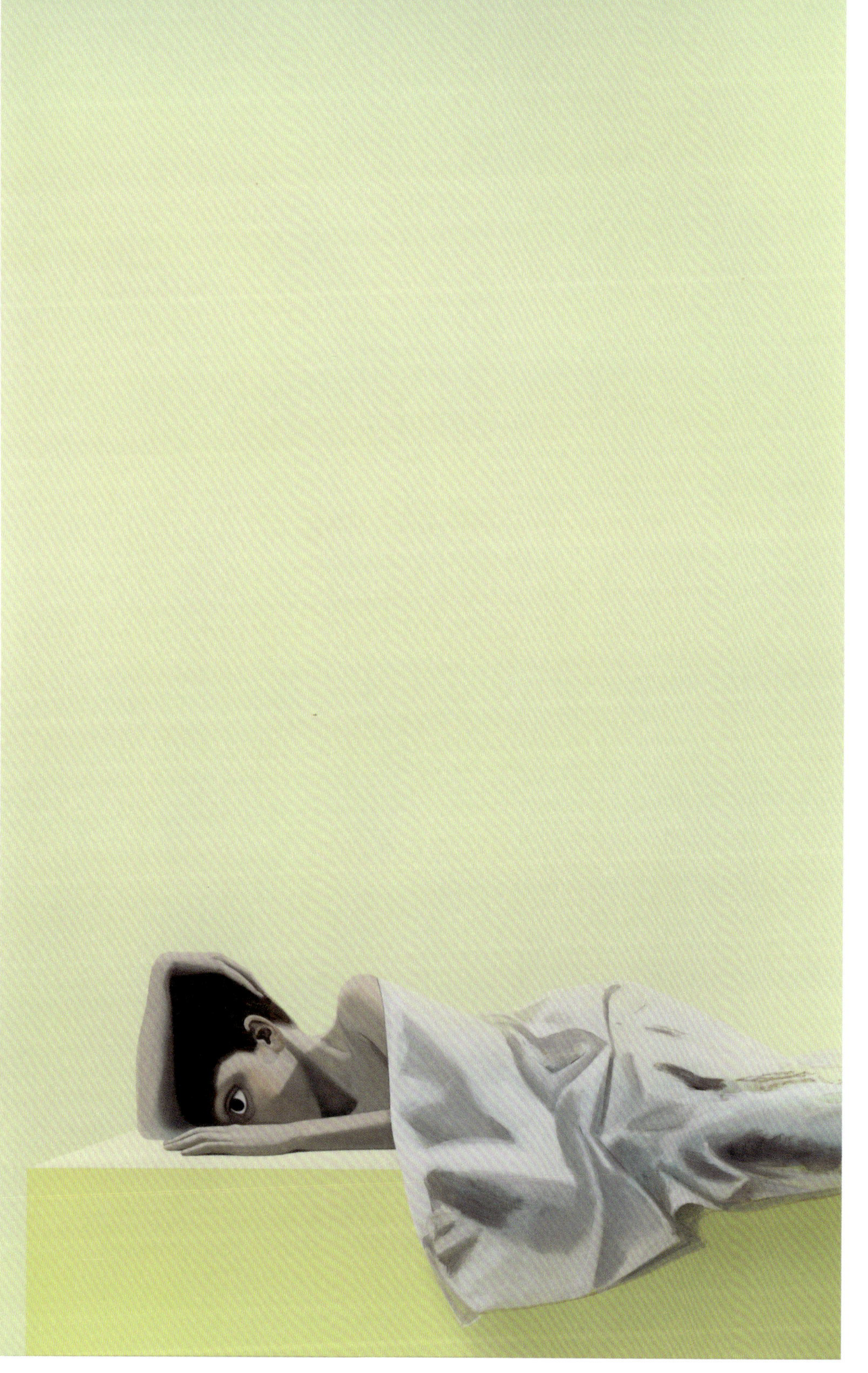

25

I'm Only Sleeping, 2020

26

Jut, 2020

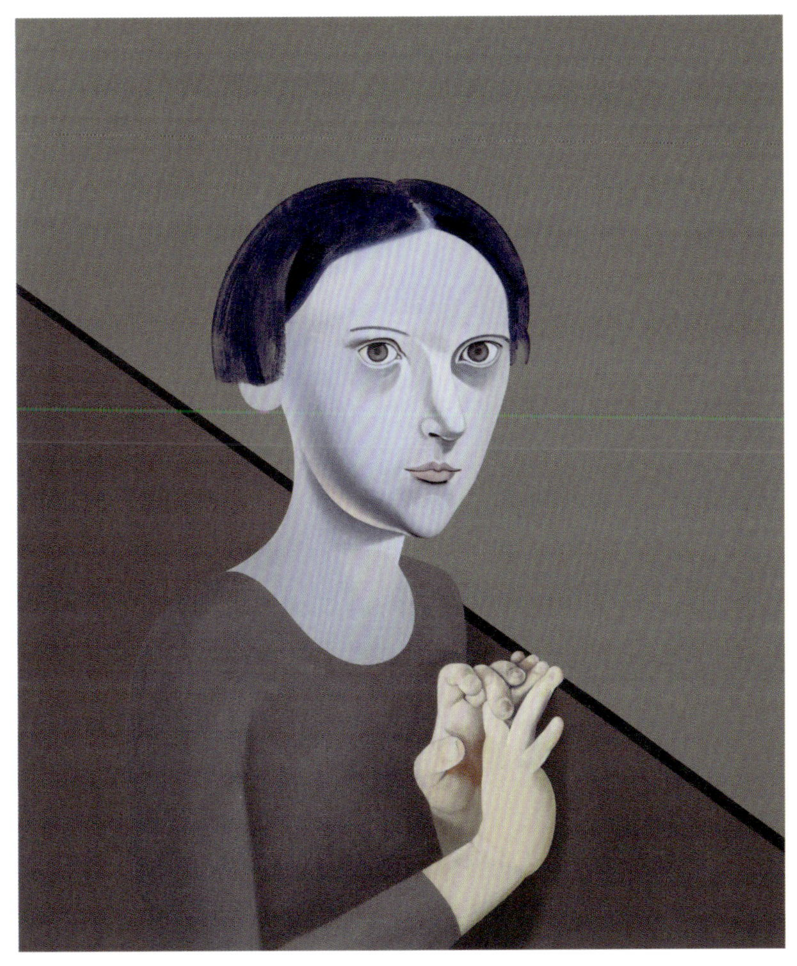

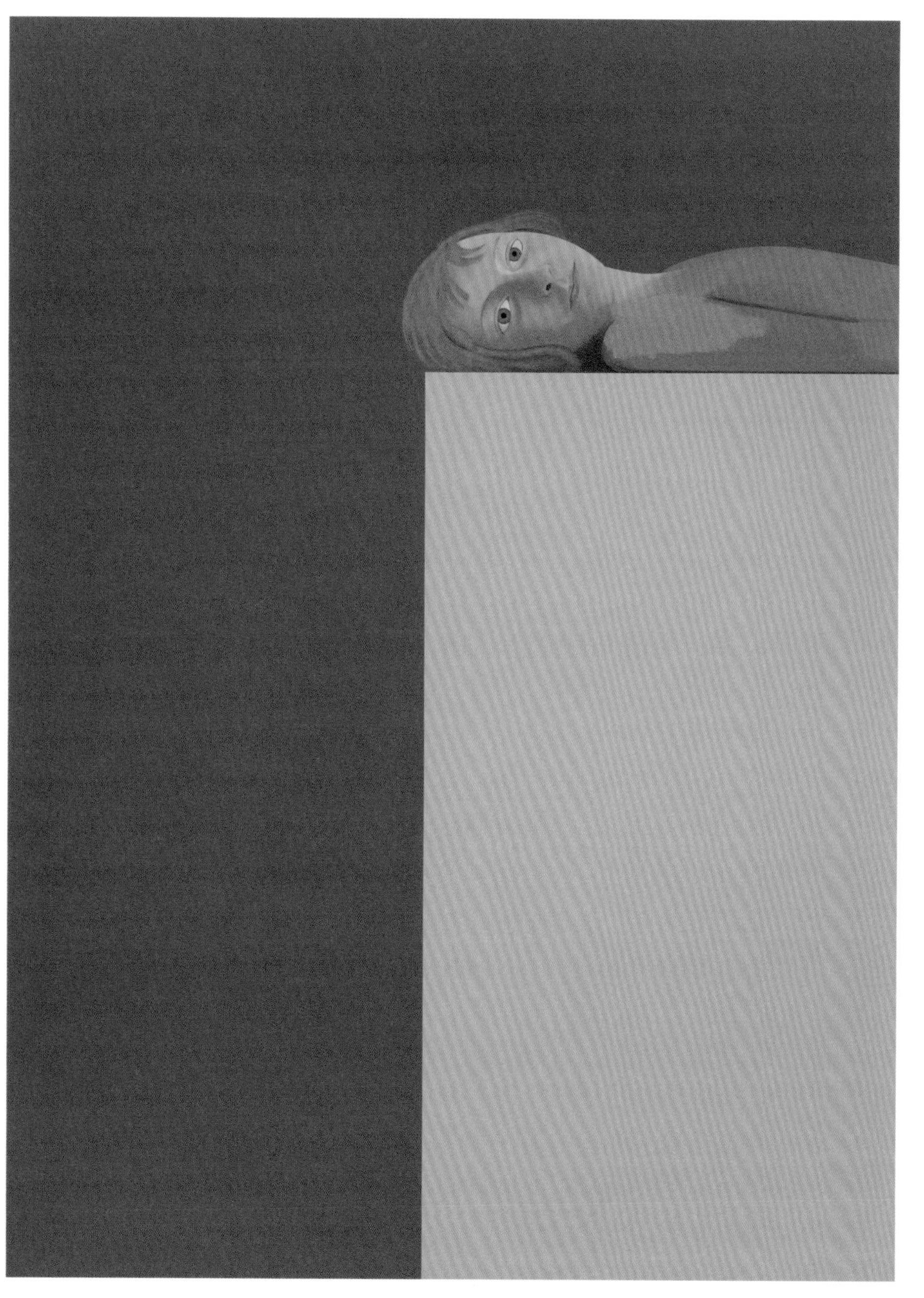

29

Platform, 2020

Before the After

30

Juan Bolivar

Richard Wathen's work came to prominence in the years 2003–2005. At the time, Wathen was living in his Hackney studio, or more precisely, painting through the night and sleeping during the day on an oxblood Chesterfield armchair. Set within a brutalist building, the now demolished East End studio's front entrance consisted of a metal door which made a loud noise when shut — like an anvil struck with a hammer — and at the back, a large wooden door secured from the inside gave the impression of being barricaded to prevent the Visigoths from storming in. Built from unforgiving materials of concrete, metal and glass, the building was a 'greenhouse' in the summer and a 'fridge-freezer' in the winter, and it was in this dystopian outpost at the turn of the millennium that Wathen first made paintings, the likes of which would eventually appear on the cover of The New York Times in 2005.

Most of these early works were painted at night, employing a table-palette on wheels where brushes lined up like players before a match. Most often after midnight the studio became a hive of activity, with the sound of The Fall or Dylan cheering and chanting from the side lines. Before the seminal Morning Lane studio paintings, various experiments took place. The artist once made works which appeared to be painted by a robotic machine, with involuntary paint splatters attacking the surface. Another earlier painting consisted of a surrealist inside-view of Moby Dick's mouth, with a full living room set inside where teeth doubled up as chairs. A portrait of Frankenstein, wearing a Kraftwerk red shirt and black tie, toyed with painting techniques and conceptual ideas that the artist employs to this day, but the sentiment was different.

One day something changed in a way that cannot be fully explained, and the artist began to re-enact paintings sourced from a collective pool of memories — in particular, Rococo and European painting from the 1700s onwards — but there was a sense of inspiration having been found from painting reproductions on an old tin box or pages that fell from art history encyclopaedias. There was a warmth to the memories and associations being repurposed, and less of John Currin's '90s canned laughter. Wathen dared to be sincere in a post-conceptual age. The works invited a negotiation with the familiarity of historical paintings and, at first sight, resembled in appearance some of the tropes and techniques of pictures from the past; however, the clean, unpainted edges of the canvasses indicated they were painted in the present day and their proximity to ideas of a painting tradition held a distance to 'traditional painting'. As a device, the clean edges functioned like labels inadvertently left on an actor's coat, reminding us that this 'olde worlde' production is taking place today.

In paintings like *Olive* (2004) and *Rose* (2004) children began to appear, often seen holding a rabbit conveying a sense of warmth or, more precisely, the experience of warmth through haptic sensation — the artist inviting us to imagine what the warmth might feel like through this vicarious experience. Like Wathen's earlier *Frankenstein/Kraftwerk* painting, *Olive* and *Rose* offered mixed readings, evoking shared childhood recollections of Peter Rabbit stories woven into the artist's own imagination — *Olive's* grey hair offering an alternative narrative or unfamiliar ending to bedtime stories. In paintings such as these, fictional figures have been placed in pictorial spaces reminiscent of photographic studios' faux backdrops, used in 'retro' photography, where the artist's own imagined figures posit their presence like painted *tableau vivants.* Employing oil painting techniques to an exquisite high level of resolution, *Over the Moor* (2003) is typical of Wathen's work from this period, where the artist acts like a set designer — in this instance staging a central figure dressed in period costume, holding flowers nestling a butterfly. The painting heightens observational details such as the shape of eyebrows, fold of a sleeve or shadow cast by a hat, allowing the artist to play with the re-enactment of a historical source, but heightening idiosyncratic details to achieve a contemporary present-day resonance. Whilst typical of this period, *Over the Moor* is distinct from other works because of a hazy midspace set within the figure, which suggests a portal to another dimension or place beyond the painting. One of the last paintings made in the Morning Lane studios, in May 2005 it featured on the cover of The New York Times in a review of an exhibition at Salon 94 — fittingly marking a before-and-after moment in the artist's career and in the works produced thereafter.

In paintings like *Animalia* (2006), various animals have been rounded up in a group portrait to pay homage to their contribution in the artist's production. Penguins, dogs, tropical birds, foxes and geese pose in this improbable gathering of animals from different continents and time zones. A range of moods now begins to appear. *Elspeth* (2008) is imbued with a theatrical or filmic darkness straight out of Stanley Kubrick's *The Shining*. *Lavinia* (2009) curiously holds a glass — one of the first uses of a distinct new prop. In appearance, *Lavinia* is reminiscent of a character in M. Night Shyamalan's period movie thriller *The Village*. The artist does not quote the film or may not have even seen it, but there is a sense that in this painting, much like in Shyamalan's film, we are being presented with a staged illusion.

The Maker (2009) presents a male figure of unclear age playing with a set of cards in front of him. The cards however have no face and read instead like Lego building blocks; the artist is possibly reflecting on the way his paintings have been constructed from facets of painting's past and legacy, a theme more explicitly expressed later in *Modern Painter* (2011) where the painting's protagonist literally carries blocks of painting's history on his back.

The Eavesdropper (2009), shows a protagonist listening or eavesdropping by a set of curtains. The painting looks deliberately staged, as if made from a photograph taken in a room that is 'contemporary'. The room's lighting is bright and modern. Although the setting could be read as an actor about to go on stage, the colour of the small wall segment revealed on the right is reminiscent of a domestic wall painted with Farrow & Ball emulsion, and the curtains look like a thick set of expensive curtains rather than torn and worn theatre curtains. The curtains, wall and floor create a geometric counterpoint more Bauhaus than Rococo, as we become increasingly aware of these dramas taking place in the present day. The notion of the present day is stretched so that it includes what could be nostalgic recollections. *Violet* (2012) has the guise of a hand-painted 1950s photograph of a knitwear model. The character has a half smile, somewhere between tenderness and patience, the model seems to have better things to do, as they hold a flower which looks to have been handed to them to hold, a yellow fabric draped over their shoulders magically transforms them into a make-believe character from the past. The tricks played with props get more and more slight, and *Atticus* (2012) could easily be wearing a polo shirt from River Island. Hat and pipe handed to him, *Atticus* looks less patient than *Violet* in playing along with these shenanigans, and has an intense gaze as if saying, "How long is this going to take?" All along there is a slight humour, not comical or that could provoke out-loud laughter but the humour you can only play with close friends when teasing them or affectionately attributing them nicknames.

In Richard Wathen's journey a lot has changed in the works that lead us to this exhibition. The references no longer feel overtly historical, in fact they feel like timeless pictures because of their refusal to be placed in a particular time or space. Period props have disappeared and are replaced by the minimalistic accessories more likely to be found in experimental theatre. Occasionally, a flower, glass or surface support stands out in stark contrast to the monolithic, monochrome backgrounds the new figures are set within. With the exception of one diagonal intervention in one painting, most of the backgrounds are anchored by 90° right angle shapes, painted by masking out with the same exactitude found previously only on the canvas edges.

Many of the techniques employed in previous paintings remain; they are now employed to paint the figures that no longer exist 'elsewhere' but in an absolute 'non-space'. It's difficult to place the associations the colours now bring. One moment they seem like extracts from Quattrocento frescos and the next moment they evoke the pastels of 1970s nostalgia or early science fiction TV. The backgrounds are less dense and seem to be constructed with thinly applied layers that continue to be completed before the figures arrive. Greyed out and pale colour combinations no longer seem to correspond to specific times, places or paintings past, and they are designed to evoke internal feelings. Opaque cobalts, and transparent purples, violets and turquoise glazes are set against pale yellows and pinks, conjuring feelings of stillness and nostalgia.

The paint application seems to be quicker and more economical but no less technical — the way a player uses skill and lightness of touch to run past the opposition. The application seems focused on finding only what is essential, with more slight marks and layers being applied and an increased use of lighter transparent glazes. Figures now exist in a non-space and the models' poses stand in a new production with fewer props and period wardrobe changes. In its minimalism it is closer to Beckett's *Waiting for Godot*. You can hear a pin drop. Occasionally, the figures seem to be having a break and are captured during the interlude — resting, waiting or lying down. Unlike previous works where the majority of figures were upright, often looking at the viewer straight on, the new figures seem to be lost in their thoughts and more often avoid eye contact.

I'm Only Sleeping (2020) shows a figure set on a block appearing to be simultaneously awake and asleep, or appearing to hold a stillness intended into tricking us into thinking they are asleep. If we were to walk up to them they might turn to us and go, "Boo", but this never happens. The painting's portrait orientation feels as if the figure was once upright, standing on a plinth or stage, but now can be found at rest. It's like we see the 'after' of a 'before'. We are drawn to the emptiness of the space above; much like *Animalia* wanted to draw attention to a supporting cast of animals, here the artist shows the painting's backdrop and the way this expanse of colour is instrumental in creating the feeling through which we view the painting.

Although historical painting references are now secondary to the painting's making or reading, the figure's blanket in *I'm Only Sleeping* evokes a Paul Nash landscape and, momentarily, we are lost in our own thoughts, wondering on the improbability of these sketchy painterly marks offering the warmth of a real blanket, only to return to the painting's eye that now seems larger than life — a portal into a non-place. *Silent Stories* (2020) and *Figment* (2020) appear to return the figures back into action in this modernist drama. The director's notes may read, "Next Day. Same Time. Same Place." (from Godot's Act 2), which the actors are asked to interpret until new stage directions are delivered. In *Figment* we are made aware of the figure's face and blue hair, as if a stage light was catching what looks like a slightly askew synthetic wig. The figure, in turn, physically holds onto the space in front as the painting's background begins to turn 'solid' and materialises before our eyes. In many ways Beckett's examination of the human condition may seem like a fitting sentiment in the current age of uncertainty and the paradigm shifts which took place in 2020. Unlike Beckett's 'theatre of the absurd' however, Wathen's new works produced for this exhibition at MOSTYN continue to affirm a love of painting and painting's potentiality to be a bewildering force of the imagination. They immerse us — to mystify, perplex and enchant — showing here more than ever, in the words of Albert Camus, in the depth of every winter there lies an invincible summer within.

Cynt a Chwedyn

Juan Bolivar

Daeth gwaith Richard Wathen i amlygrwydd rhwng 2003–2005. Ar y pryd, roedd Wathen yn byw yn ei stiwdio yn Hackney, neu i fod yn fanwl gywir, yn peintio drwy'r nos ac yn cysgu yn ystod y dydd ar gadair freichiau Chesterfield o liw gwaed ychen. Mewn adeilad briwtalaidd, roedd mynedfa'r stiwdio yn Nwyrain Llundain, sydd bellach wedi'i ddymchwel, yn cynnwys drws metel oedd yn gwneud sŵn mawr wrth ei gau-fel morthwyl yn taro einion-ac yn y cefn, roedd y drws pren mawr, oedd yn cael ei gloi o'r tu mewn, yn rhoi'r argraff o faricêd i atal y Visigoths rhag ei feddiannu. Wedi'i adeiladu o ddeunyddiau caled fel concrit, metel a gwydr, roedd yr adeilad yn 'dŷ gwydr' yn yr haf ac yn 'rhewgell' yn y gaeaf, ac yn y gofod dystopaidd hwn ar droad y mileniwm y gwnaeth Wathen baentiadau am y tro cyntaf, y byddai eu tebyg yn ymddangos yn y pen draw ar glawr The New York Times yn 2005.

Cafodd y rhan fwyaf o'r gweithiau cynnar hyn eu peintio yn y nos, gan ddefnyddio bwrdd-palet ar olwynion lle roedd y brwsys mewn rhes fel chwaraewyr cyn gêm. Yn amlach na pheidio ar ôl hanner nos, roedd y stiwdio yn ferw o brysurdeb, gyda sain The Fall neu Dylan yn bloeddio ac yn llafarganu o'r cyrion. Cyn y peintiadau stiwdio arloesol Morning Lane, cynhaliwyd sawl arbrawf amrywiol. Arferai'r artist wneud gweithiau a ymddangosai fel pe baent wedi'u peintio gan beiriant roboteg, gyda'r paent yn tasgu'n anfwriadol ar yr arwyneb. Roedd paentiad cynharach arall yn cynnwys golwg swrrealaidd o tu fewn i geg Moby Dick, gyda lolfa gyfan oddi mewn lle roedd y dannedd hefyd yn gadeiriau. Roedd portread o Frankenstein yn gwisgo crys coch Kraftwerk a thei ddu, yn chwarae gyda thechnegau peintio a syniadau cysyniadol y mae'r artist yn eu defnyddio hyd heddiw, ond roedd yr ymdeimlad yn wahanol.

Un diwrnod, newidiodd rhywbeth mewn ffordd na ellir ei egluro'n llawn, a dechreuodd yr artist ail-greu peintiadau a ddaeth o gronfa dorfol o atgofion-yn enwedig, peintiadau Rococo ac Ewropeaidd o'r 1700au ymlaen-ond cafwyd ymdeimlad o ysbrydoliaeth wedi ei ganfod o baentio atgynyrchiadau ar hen flwch tun neu dudalennau a oedd yn disgyn o wyddoniaduron hanes celf. Roedd cynhesrwydd i'r atgofion a'r cysylltiadau a oedd yn cael eu hail-greu, a llai o chwerthin ffug John Currin o'r 90'au. Mentrodd Wathen fod yn ddidwyll mewn oes ôl-gysyniadol.

Anogodd y gweithiau drafodaeth ynglŷn â chynefindra paentiadau hanesyddol ac, ar yr olwg gyntaf, roedden nhw'n debyg o ran ymddangosiad i rai o dechnegau paentiadau'r gorffennol; serch hynny, roedd ymylon glân y cynfasau, oedd heb eu paentio, yn dangos eu bod wedi'u paentio yn yr oes sydd ohoni ac roedd eu hagosrwydd at syniadau o draddodiad paentio yn cadw pellter oddi wrth y 'paentio traddodiadol'. Fel dyfais, roedd yr ymylon glân yn gweithredu fel labeli a adawyd yn anfwriadol ar got actor, i'n hatgoffa bod y cynhyrchiad hwn o'r 'oes a fu' yn digwydd heddiw.

Mewn paentiadau fel *Olive* (2004) a *Rose* (2004) dechreuodd plant ymddangos, yn aml yn dal cwningen i greu ymdeimlad o gynhesrwydd, neu i fod yn fanwl gywir, profiad o gynhesrwydd drwy gyffro cyffyrddiadol. Mae'r artist yn ein gwahodd i ddychmygu teimlad y cynhesrwydd drwy'r profiad ail law hwn. Fel paentiad blaenorol Wathen *Frankenstein/ Kraftwerk,* roedd *Olive* a *Rose* yn cynnig dehongliadau cymysg, gan ysgogi atgofion plentyndod o straeon Peter Rabbit wedi'u plethu â dychymyg yr artist ei hun — gyda gwallt llwyd *Olive* yn cynnig naratif gwahanol neu ddiweddglo anghyfarwydd i straeon cyn cysgu.

Mewn peintiadau fel hyn, mae cymeriadau ffuglennol wedi'u gosod mewn gofodau darluniadol sy'n atgoffa rhywun o gefnlenni ffug stiwdios ffotograffig, a ddefnyddiwyd mewn ffotograffiaeth 'retro', lle mae'r cymeriadau sydd yn nychymyg yr artist ei hun yn gosod eu presenoldeb fel tableau vivants wedi'u peintio. Drwy defnyddio technegau peintio olew i lefel o eglurder hynod o uchel, mae *Over the Moor* (2003) yn nodweddiadol o waith Wathen o'r cyfnod hwn, lle mae'r artist yn gweithredu fel cynllunydd setiau — yn yr enghraifft hon, yn llwyfannu cymeriad canolog yng ngwisg y cyfnod, yn dal blodau sy'n cuddio iâr fach yr haf. Mae'r peintiad yn amlygu manylion arsylwadol fel siâp aeliau, plyg llewys neu gysgod het, sy'n caniatáu i'r artist chwarae gydag ail-greu ffynhonnell hanesyddol, ond yn pwysleisio'r manylion idiosyncratig i gyflawni cyseiniant cyfoes y presennol. Er yn nodweddiadol o'r cyfnod, mae *Over the Moor* yn wahanol i'w weithiau eraill oherwydd meddylfryd niwlog y ffigwr, sy'n awgrymu porth i ddimensiwn neu le arall y tu hwnt i'r peintiad. Ymddangosodd un o'r peintiadau olaf i'w creu yn stiwdios *Morning Lane* ym mis Mai 2005 ar glawr The New York Times mewn adolygiad o arddangosfa yn Salon 94 — gan nodi, yn addas ddigon, eiliad 'cynt a chwedyn' yng ngyrfa'r artist a'r gweithiau a gynhyrchwyd ar ôl hynny.

Mewn peintiadau fel *Animalia* (2006), mae anifeiliaid amrywiol wedi'u crynhoi mewn portread grŵp i dalu gwrogaeth i'w cyfraniad yng nghynhyrchiad yr artist. Mae pengwiniaid, cŵn, adar trofannol, llwynogod a gwyddau i gyd yn ymddangos yn y casgliad annhebygol hwn o anifeiliaid o gyfandiroedd a pharthau amser gwahanol. Mae amrywiaeth o hwyliau bellach yn dechrau ymddangos. Mae *Elspeth* (2008) wedi'i ymdreiddio mewn tywyllwch theatraidd neu ffilmig fel rhywbeth o *The Shining* gan Stanley Kubrick. Yn rhyfedd, mae *Lavinia* (2009) yn dal gwydr — un o'r troeon cyntaf i'r prop newydd unigryw gael ei ddefnyddio. O ran ymddangosiad, mae Lavinia yn ein hatgoffa o gymeriad yn ffilm arswyd M. Night Shyamalan *The Village.* Nid yw'r artist yn dyfynnu'r ffilm ac efallai na welodd y ffilm erioed, ond ceir ymdeimlad yn y peintiad hwn, fel ffilm Shyamalan, ein bod yn cael ein cyflwyno i rith bwriadol.

Mae *The Maker* (2009) yn cyflwyno ffigwr gwrywaidd, o oed aneglur, yn chwarae gyda set o gardiau o'i flaen. Serch hynny, nid oes wyneb ar y cardiau ac maen nhw'n cael eu dehongli yn hytrach fel blociau adeiladu Lego; mae'r artist o bosib yn myfyrio ar y ffordd y mae ei baentiadau wedi'u hadeiladu o agweddau ar orffennol ac etifeddiaeth paentio, thema a fynegir yn fwy eglur nes ymlaen yn *Modern Painter* (2011), lle mae prif gymeriad y peintiad yn llythrennol yn cario blociau o hanes peintio ar ei gefn.

Mae *The Eavesdropper* (2009), yn dangos y prif gymeriad yn gwrando neu'n clustfeinio wrth ymyl y llenni. Mae'r paentiad yn edrych fel pe bai wedi'i drefnu'n fwriadol, fel ffotograff a gymerwyd mewn ystafell 'gyfoes'. Mae'r goleuadau yn yr ystafell yn llachar ac yn fodern. Er y gallai'r lleoliad gael ei ystyried fel actor ar fin mynd ar lwyfan, mae lliw y wal fach, a ddatgelir ar y dde, yn ein hatgoffa o wal ddomestig wedi'i pheintio gyda phaent emylsiwn Farrow & Ball, ac mae'r llenni'n edrych fel set drwchus o lenni drud yn hytrach na llenni theatr sydd wedi'u rhwygo a'u treulio. Mae'r llenni, y wal a'r llawr yn creu gwrthbwynt geometrig sy'n debycach i Bauhaus na Rococo, wrth i ni ddod yn fwyfwy ymwybodol o'r dramâu hyn sy'n digwydd yn yr oes sydd ohoni.

Mae'r syniad o'r presennol yn cael ei ymestyn fel ei fod yn cynnwys yr hyn y gellid ei ystyried yn atgofion hiraethus. Mae gan *Violet* (2012) elfen o ffotograff y 1950au a beintiwyd â llaw o fodel dillad gweu. Mae gan y cymeriad hanner gwên, rhywle rhwng tynerwch ac amynedd, mae'n edrych fel petai gan y model bethau gwell i'w gwneud, wrth iddyn nhw ddal blodyn sy'n edrych fel pe bai wedi cael ei roi iddyn nhw i'w ddal, a'r deunydd melyn wedi'i lapio dros eu hysgwyddau yn eu trawsnewid yn hudolus i fod yn gymeriad gwneud o'r gorffennol. Mae'r triciau sy'n cael eu chwarae gyda phropiau yn fwyfwy cynnil, a gallai *Atticus* (2012) yn hawdd fod yn gwisgo crys polo o River Island. Gyda het a phib wedi'u rhoi iddo, mae *Atticus* yn edrych yn llai amyneddgar na *Violet* wrth gymryd rhan yn y giamocs hyn, ac mae'n syllu'n dwys fel petai'n dweud, "Pa mor hir mae hyn yn mynd i gymryd?" Drwyddi draw, ceir hiwmor cynnil, nid doniol neu a allai ennyn chwerthin uchel, ond yr hiwmor y gallwch ei chwarae gyda ffrindiau agos yn unig wrth eu pryfocio neu roi llysenwau iddyn nhw mewn ffordd ddiniwed.

Yn siwrnai Richard Wathen, mae cryn dipyn wedi newid yn y gweithiau sy'n ein harwain at yr arddangosfa hon. Nid yw'r cyfeiriadau bellach yn teimlo'n or hanesyddol, mewn gwirionedd maen nhw'n teimlo fel lluniau oesol oherwydd eu bod yn gwrthod cael eu gosod mewn amser neu ofod penodol. Mae propiau'r cyfnod wedi diflannu ac yn cael eu disodli gan yr ategolion minimalaidd sy'n fwy tebygol o gael eu gweld mewn theatr arbrofol. Weithiau, mae blodyn, gwydryn neu arwyneb yn sefyll allan mewn cyferbyniad llwyr â'r cefndiroedd monolithig, unlliw y mae'r ffigurau newydd wedi'u gosod ynddyn nhw. Ac eithrio un ymyrraeth lletraws mewn un paentiad, mae'r rhan fwyaf o'r cefndiroedd wedi'u hangori gan siapiau ongl sgwâr 90°, wedi'u peintio drwy ddileu'r un uniondeb a welwyd ar ymylon y cynfas yn unig.

Mae nifer o'r technegau a ddefnyddiwyd mewn peintiadau blaenorol yn parhau; maen nhw bellach yn cael eu defnyddio i beintio'r ffigurau sydd ddim yn bodoli mwyach 'rywle arall' ond mewn 'di-ofod' absoliwt. Mae'n anodd gosod y cysylltiadau sydd gan y lliwiau erbyn hyn. Un eiliad maen nhw'n ymddangos fel darnau o ffresgos Quattrocento a'r funud nesaf maen nhw'n deffro atgofion o liwiau pastel hiraethus y 1970au neu ffuglen wyddonol gynnar ar deledu.

Mae'r cefndiroedd yn llai dwys ac ymddengys eu bod wedi'u hadeiladu gyda haenau tenau sy'n parhau i gael eu cwblhau cyn i'r ffigurau gyrraedd. Nid yw'n ymddangos bod cyfuniadau llwyd a gwelw bellach yn cyfateb i amseroedd, lleoedd neu baentiadau penodol y gorffennol, ac fe'u cynlluniwyd i ennyn teimladau mewnol. Mae cobalt tywyll a phorffor tryloyw, fioled a glaswyrdd gwydrog wedi'u gosod ochr yn ochr â lliwiau melyn a phinc gwelw, sy'n creu teimladau o lonyddwch a hiraeth.

Mae'n ymddangos bod y broses o osod y paent yn gyflymach ac yn fwy darbodus ond heb fod yn llai technegol — y ffordd y mae chwaraewr yn defnyddio sgil ac ysgafnder i redeg heibio'r gwrthwynebydd. Mae'r gwaith gosod yn ymddangos fel petai'n canolbwyntio ar ganfod yr hyn sy'n allweddol yn unig, gyda marciau a haenau mwy ysgafn yn cael eu defnyddio a mwy o ddefnydd o wydrau tryloyw ysgafnach.

Mae ffigurau bellach yn bodoli mewn lle di-ofod a'r modeli yn aros mewn cynhyrchiad newydd gyda llai o bropiau a dillad y cyfnod. Yn ei ffurf minimalaidd, mae'n agosach at *Waiting for Godot* gan Beckett. Gallwch glywed pin yn disgyn. Weithiau, mae'r ffigurau yn edrych fel pe baen nhw'n cael seibiant ac yn cael eu dal yn ystod yr egwyl — yn gorffwys, aros neu'n gorwedd. Yn wahanol i weithiau blaenorol lle roedd y rhan fwyaf o'r cymeriadau ar eu traed, yn aml yn edrych yn syth at y gwyliwr, mae'r ffigurau newydd yn edrych fel pe baen nhw ar goll yn eu meddyliau ac yn osgoi edrych i fyw y llygad yn amlach na pheidio.

Mae *I'm Only Sleeping* (2020) yn dangos ffigwr wedi'i osod ar floc sy'n ymddangos fel petai'n effro ac yn cysgu ar yr un pryd, neu'n ymddangos fel pe bai'n dal llonyddwch gyda'r bwriad o'n twyllo i feddwl eu bod yn cysgu. Pe byddem yn cerdded i fyny atyn nhw, efallai y bydden nhw'n troi ac yn mynd, "Bŵ", ond nid yw hynny byth yn digwydd. Mae cyfeiriadedd portread y paentiad yn teimlo fel petai'r ffigwr ar un adeg yn dalsyth, yn sefyll ar blinth neu lwyfan, ond bellach gellir dod o hyd iddo'n gorffwys. Mae fel ein bod ni'n gweld 'ar ôl'y 'cyn'. Cawn ein denu at wacter y gofod uchod; yn debyg iawn i'r ffordd roedd Animalia eisiau tynnu sylw at gast gefndirol o anifeiliaid, yma mae'r artist yn dangos cefnlen y paentiad a'r ffordd y mae'r ehangder hwn o liw yn allweddol wrth greu'r teimlad rydym yn edrych arno drwy'r paentiad.

Er bod cyfeiriadau at baentio hanesyddol bellach yn eilbeth i greu neu ddehongli'r paentiad, mae blanced y ffigwr yn *I'm Only Sleeping* yn ymdebygu i dirlun Paul Nash, ac am ennyd, rydym ar goll yn ein meddyliau ein hunain, yn pendroni ar annhebygolrwydd y marciau arluniol bras hyn sy'n cynnig cynhesrwydd blanced go iawn, dim ond i ddychwelyd i lygad y paentiad sydd bellach yn ymddangos yn fwy na bywyd — porth i le nad yw'n lle.

Yn *Silent Stories* (2020) a *Figment* (2020) mae'n ymddangos bod y ffigurau yn dychwelyd i'r ddrama fodernaidd hon. Efallai y bydd nodiadau'r cyfarwyddwr yn darllen, "Diwrnod Nesaf. Yr un amser. Yr un lle." (o Olygfa 2 Godot), y gofynnir i'r actorion ei ddehongli nes bod cyfarwyddiadau llwyfan newydd yn cael eu cyflwyno. Yn Figment down yn ymwybodol o wyneb a gwallt glas y ffigwr, fel petai golau'r llwyfan yn dal yr hyn sy'n edrych fel wig synthetig sydd ychydig yn gam.

Mae'r ffigwr, yn ei dro, yn dal y gofod sydd o'i flaen yn gorfforol wrth i gefndir y paentiad ddechrau troi'n 'solet' a dod i'r golwg o flaen ein llygaid.

Mewn sawl ffordd gall archwiliad Beckett o'r cyflwr dynol ymddangos fel ymdeimlad addas yn yr oes bresennol o ansicrwydd a'r syfliad paradeim a ddigwyddodd yn 2020. Yn wahanol i 'theatr yr abswrd' Beckett fodd bynnag, mae gwaith newydd Wathen a gynhyrchwyd ar gyfer yr arddangosfa hon yn MOSTYN yn parhau i ddatgan cariad at baentio a photensial paentio i fod yn rym dryslyd yn y dychymyg. Maen nhw'n ein trochi — i syfrdanu, i ddrysu, i gyfareddu — sy'n cael ei ddangos fan hyn yn fwy nag erioed, ac yng ngeiriau Albert Camus, yn nyfnder pob gaeaf mae haf anorchfygol oddi mewn.

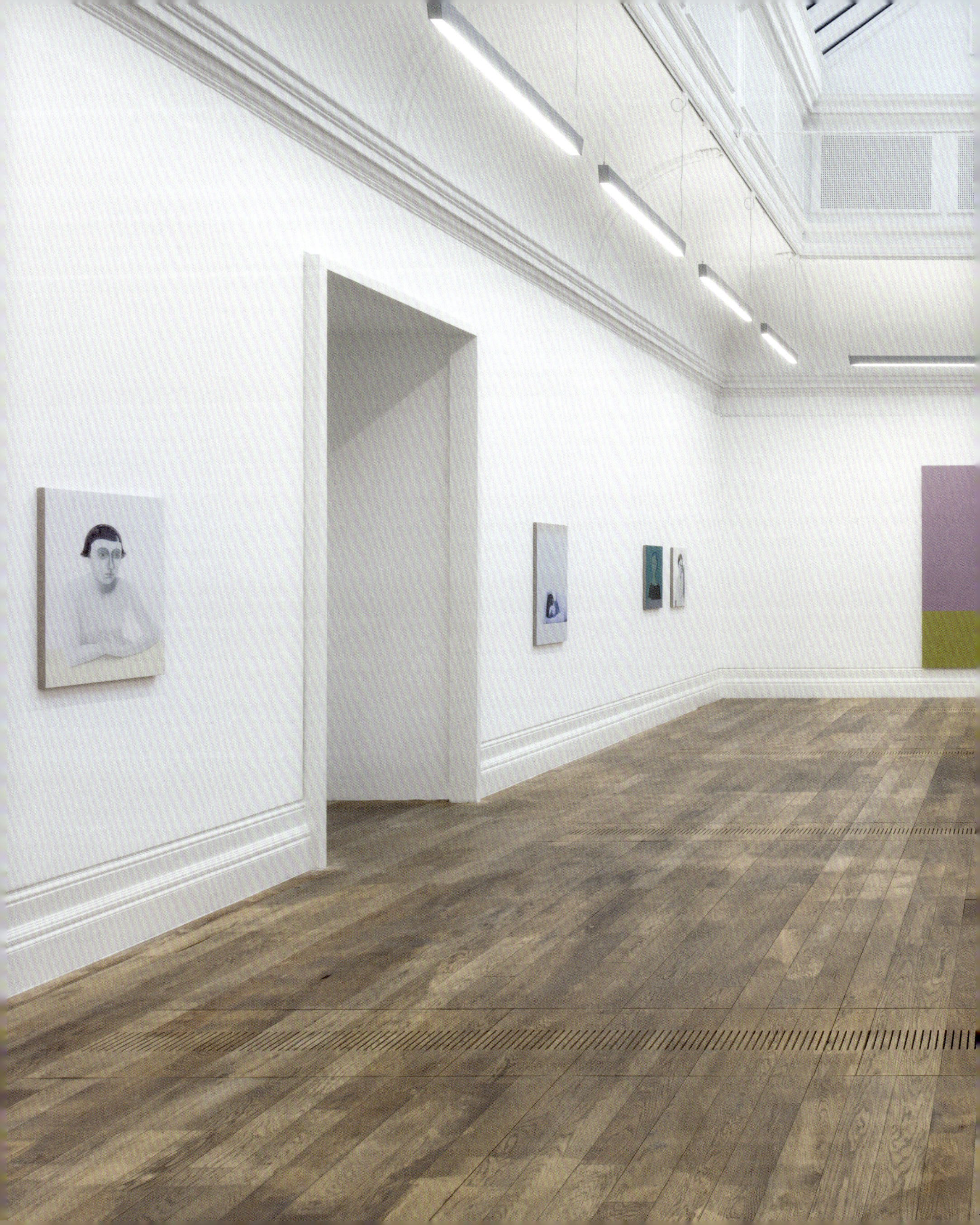

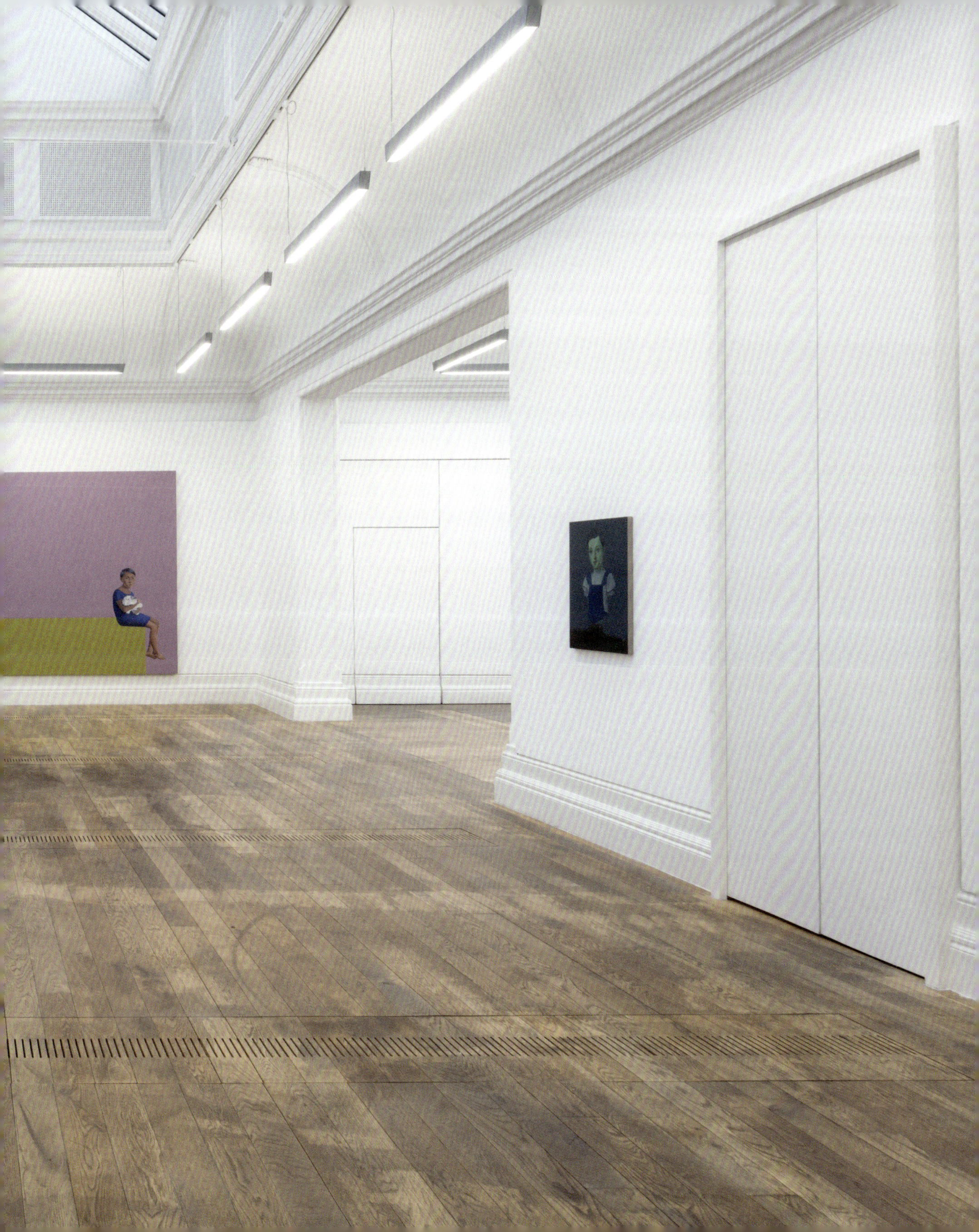

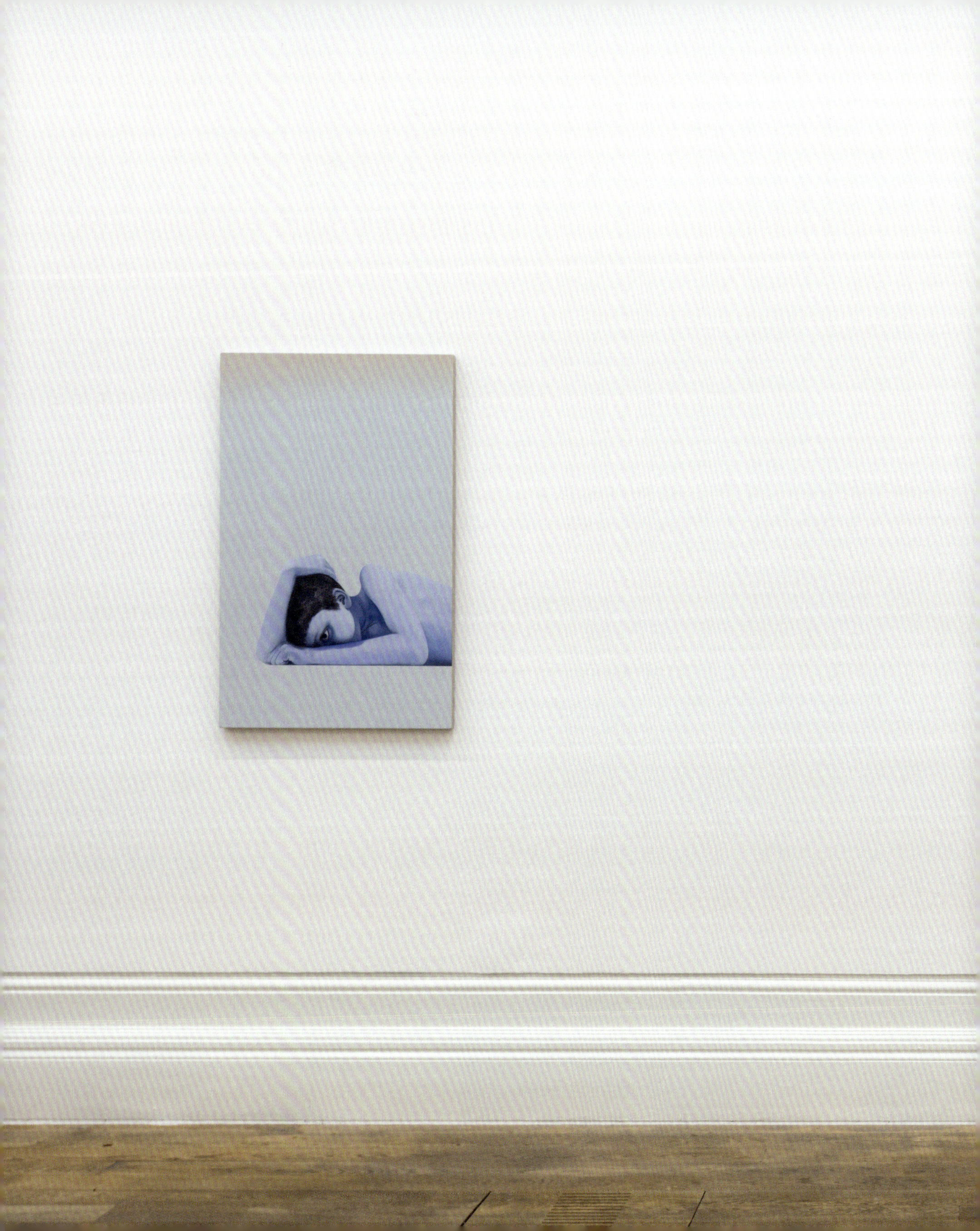

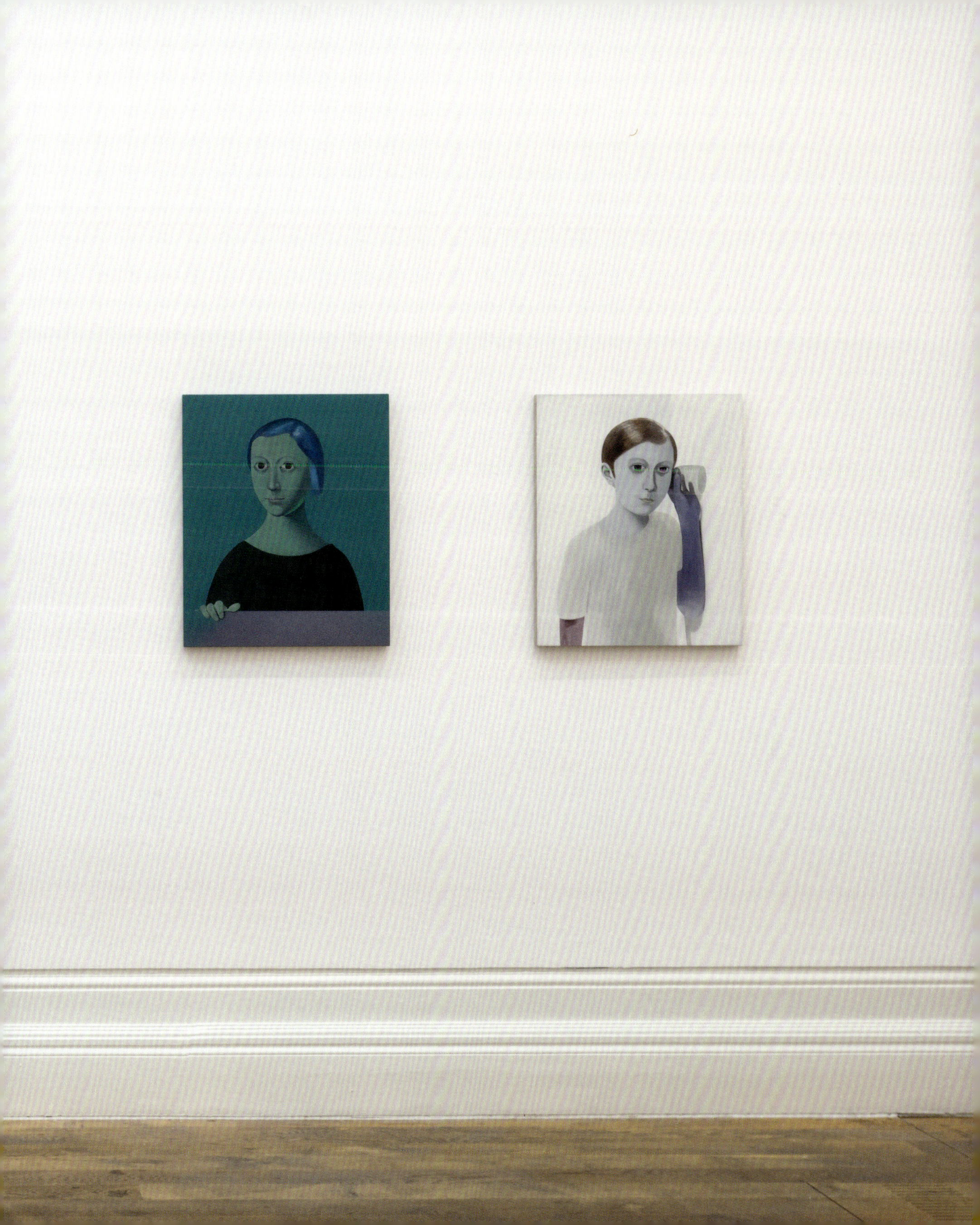

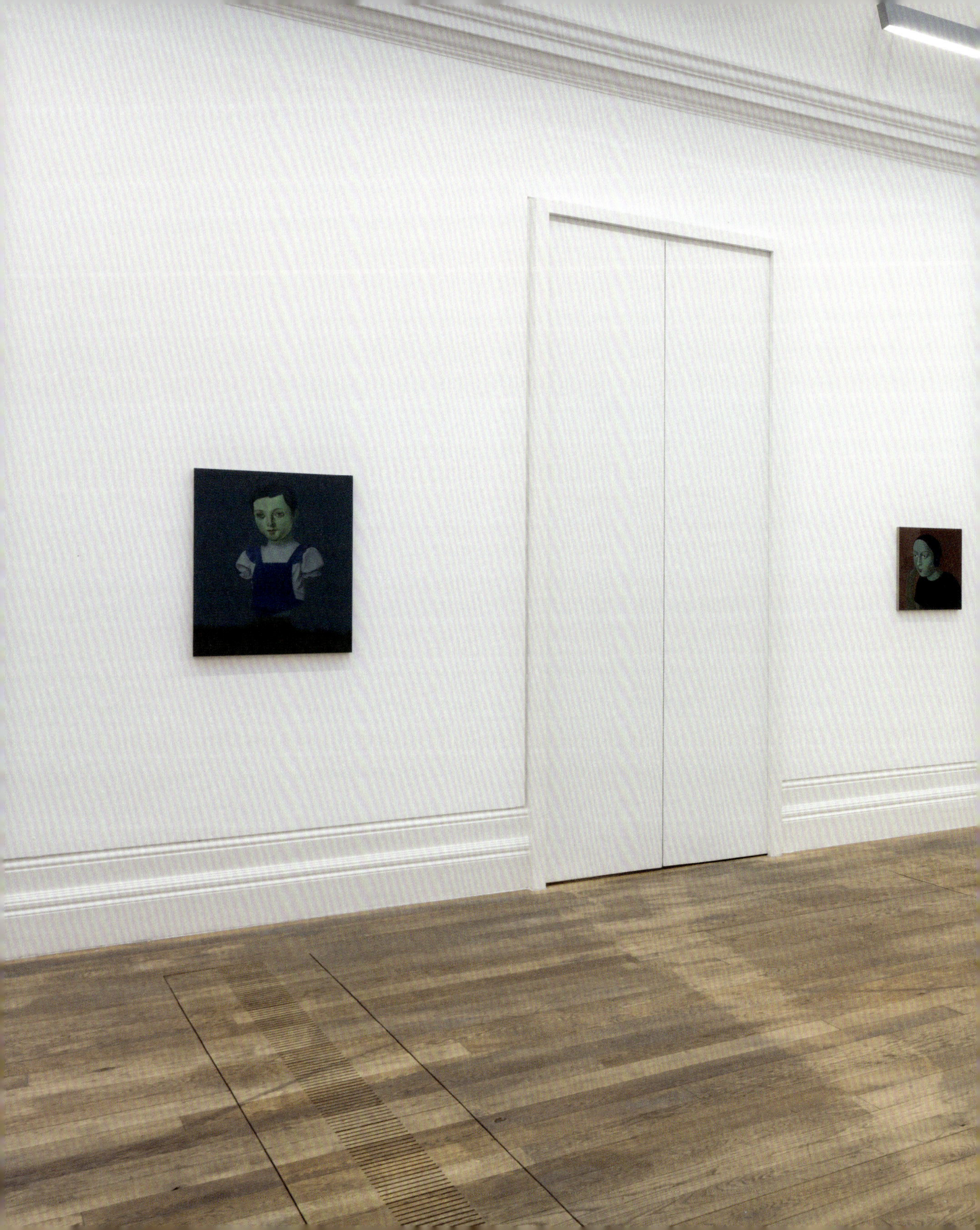

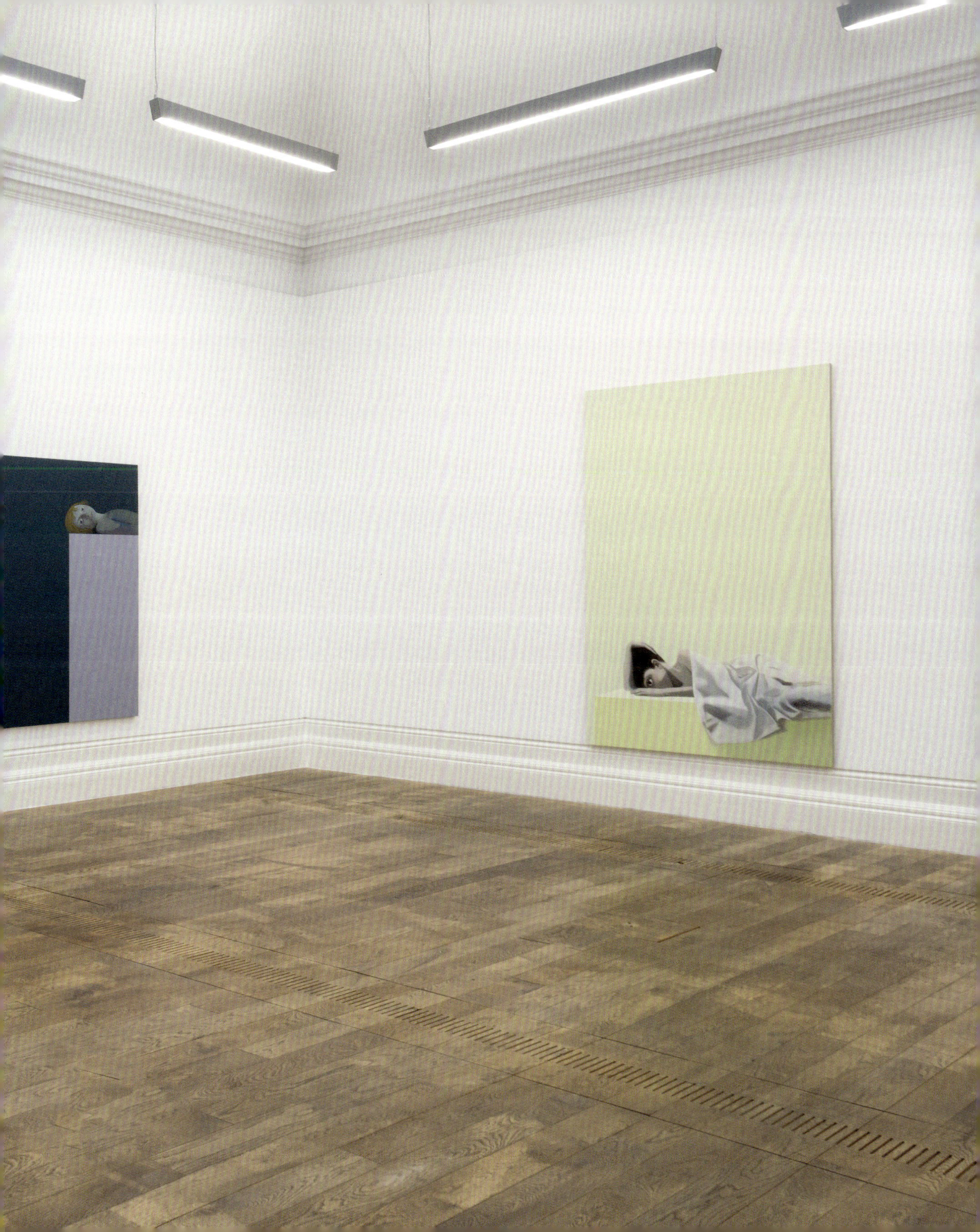

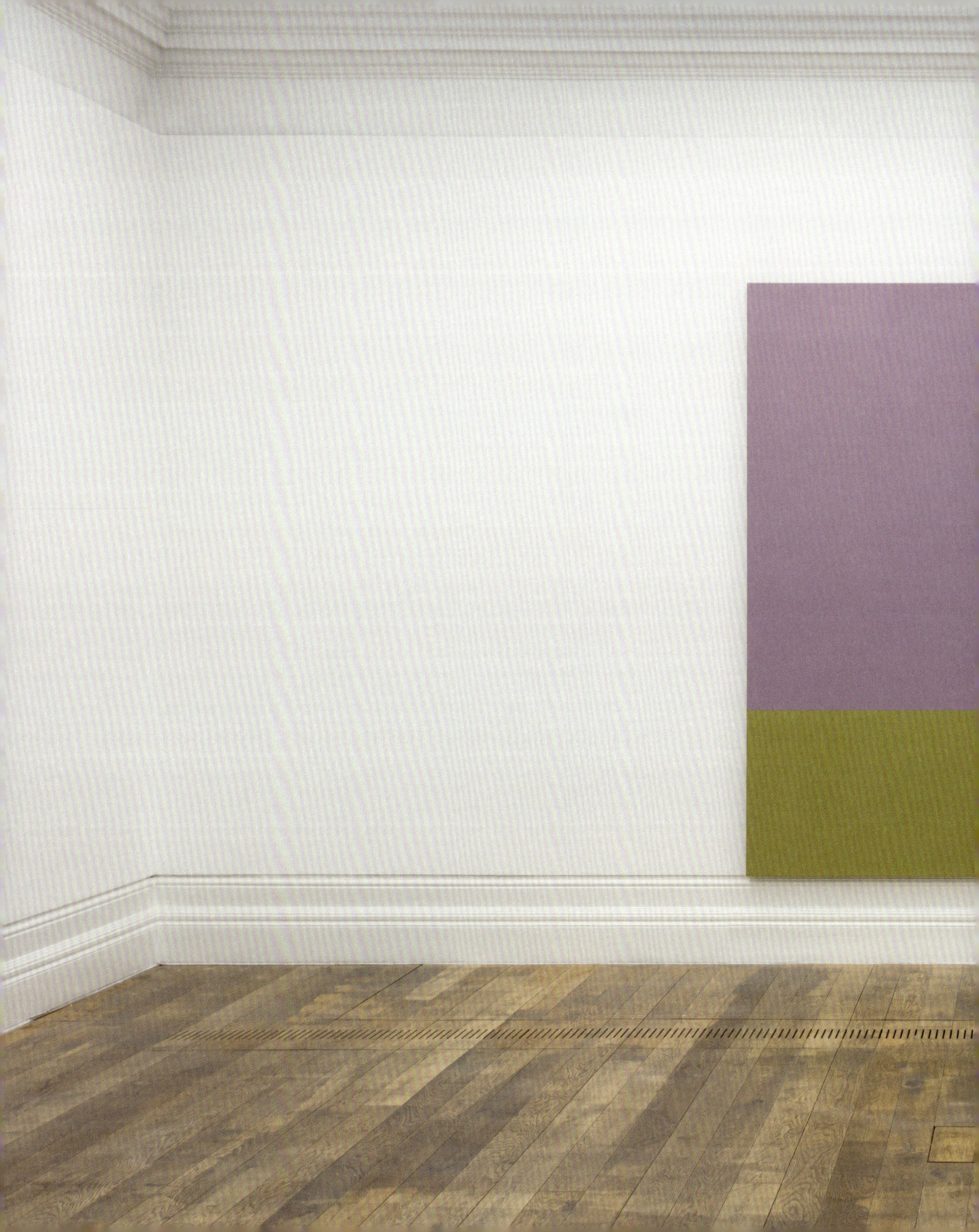

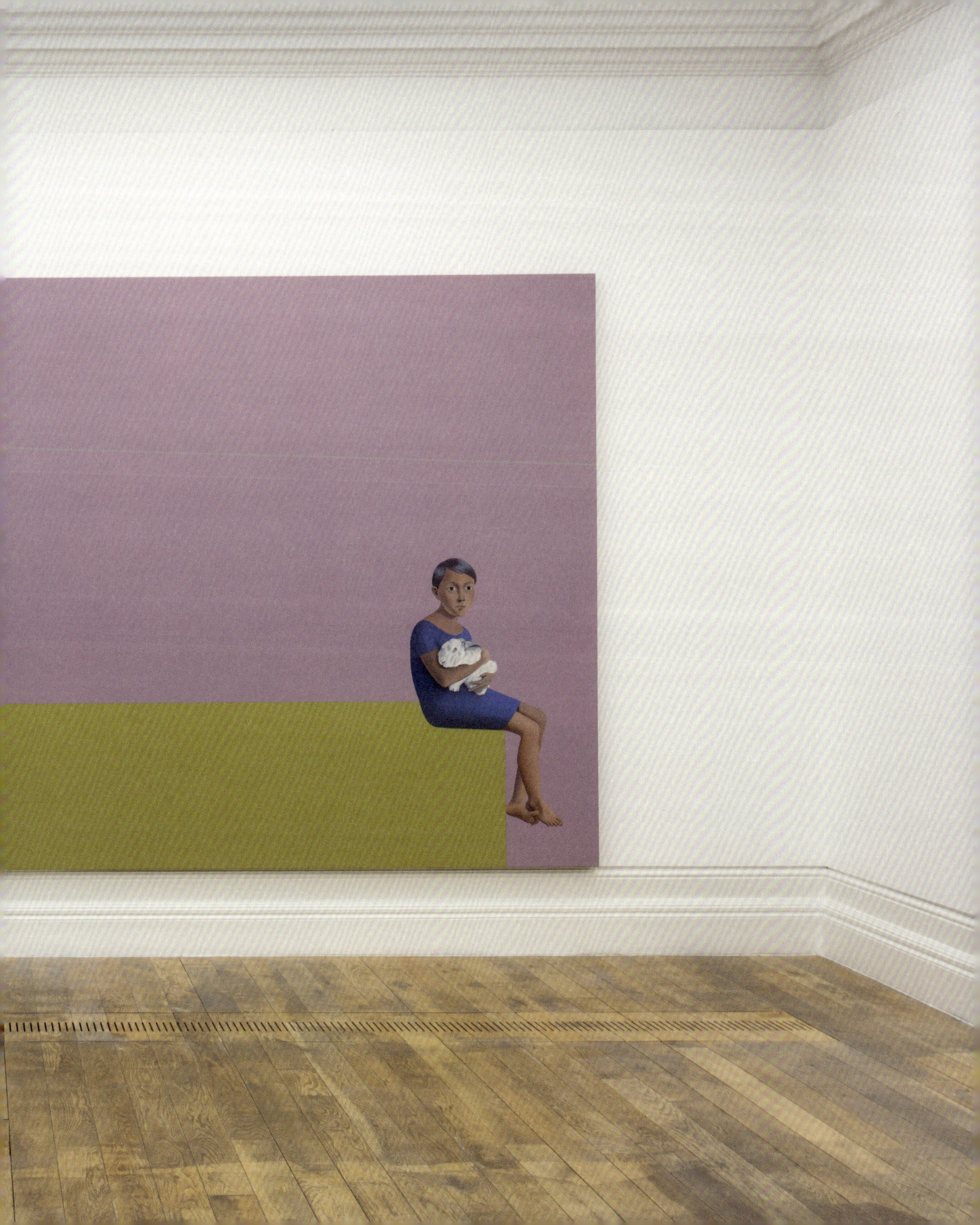

Exquisite Weirdness

50

Rebecca Geldard

"The media surround people with an unprecedented number of images, many of which are faces. The faces harangue ceaselessly by provoking envy, new appetites, ambition, or occasionally, pity combined with a sense of impotence. Further, the images of all these faces are processed and selected in order to harangue as noisily as possible, so that one appeal outpleads and eliminates the next appeal." — John Berger [1]

In a world of images that endlessly beget other images, clipped, copied and bookmarked for later, it's hard to find a visual anything that's truly and originally odd. Not to mention construct it from an endless data repository; mine disquiet from historical sources with extraordinary skill and attention to detail in oil paint. Words like 'arresting' are often used these days to describe the most disposable of visual encounters. As John Berger so aptly describes in the quote above, the design behind the capture and display of images of people today is so rarely about contemplation, and often witnessed as a swatch-like moment in a visual cacophony of many others.

The portrait painter, given the longevity of the trope as a means of recording the face and refusal to recede in a world increasingly awash with invasively accurate time-based imagery, could be described as starting from a position of technological perversity. Or, on the flip side, one freed from the limitations of pictorial 'truth' creating an ideal space for considering the uncertain facets of modern humanity. Richard Wathen's fictional characters certainly engage us with the curious relevance of painting as a contemporary practice, but also our ongoing obsession with representation and the artist's ability to achieve likeness or describe a state of mind. The shared visual sensibility that connects his latest subjects might be thought of much like a filter, at once creating a sense of the familiar while functioning as a stylistic skin between viewer and subject. A skin exquisitely engineered and, as a result of appearing far removed from the here-and-now, able to speak starkly of our current preoccupations with identity as personal brand.

As immediately and impressively odd as Wathen's works always appear, the complex nature of their construction requires a level of commitment from the viewer beyond being in thrall to the technicalities. These paintings might have been made to test our capacity for pre-occupation — or willingness to investigate the nature of being preoccupied — with the possibilities of painting and the approaches of its key baton carriers through time. Though full of potentially recognisable details, his mode of portraiture is designed to unsettle, tip the viewer out of any singular chair-moment they may try to ease into while taking them in. There are few pictorial footholds in the new works, but while kept from entering the frame in a conventional sense, we are anything but impotent in the reception process. With further inspection, the repetition of details, colourways and gestures combine to create an intriguing premise, and a need to find out more about these pallid proponents from a lost historical netherworld.

Wathen is not one to be drawn into the fine print when it comes to the exact origins of his sources or the specifics of his making intentions. It makes sense that the viewer should be working from minimal prompts, given that to specify a particular artist or period of influence is to begin to externally puppeteer or shape an already referentially-loaded encounter. For it's clear his approach has emerged from a period of marination in a rich mix of ancient and modern influences. Each image is ours for interpretation and offers a potential puzzle in assimilation: an art-historical hybridity so finely enmeshed, sometimes so Teflon smooth in its material application that we are initially seduced into a false sense of certainty when looking at these paintings.

In the loosest sense they might be categorised under that amorphous banner 'paintings about painting', but the slippery nature of each compositional assertion adds further interconnected circles to the Venn situation. There is a sphinx-like quality to each protagonist as possible containers for meaning, but when considering the current group as a collective, it's possible to discern glimpses from a particular, if never truly knowable, set of human experiences, carefully filtered through the sands of other people's time and observational lenses. Wathen has described his works as "psychological self-portraits", a means of delineating complex emotions through the use of symbolism and the suggestion of character narratives far removed from his day-to-day self. While a sense of the artist is often present in the details of any given artwork, he appears less interested in us attempting to work him out, as find facets of our own aesthetic preferences and trigger points in the heavily stylised staging of humans and props.

Definitions for what we now understand as portraiture have widened significantly to encompass all manner of approaches to the subject, modes of delivery and use of materials. So where does Wathen's practice fit in the mix? In the past, possibly between the satirical figurative framing of American artist John Currin, perhaps, and British painter Glenn Brown's visceral appropriation of art-historical reproductions. Certainly, when it comes to Wathen's back catalogue, as with both of these artists, there is a sense of an artificial premise in play, and one that allows for a masterly performance in painterly description. Recently, however, his more minimal rendering of the subject in context ushers in new points of reference to consider. It's a kind of portraiture, perhaps, that seeks to talk about the relevance of painting in the wider context of image capture, as much as the potential significance of the details rendered.

The super-fine, borderline chocolate-box romanticism of earlier works has been knocked back into a simpler state of brushwork and compositional play; virtuoso classical gestures towards the grand end of the art-historical spectrum are replaced with fresh and more immediately constructed grounds and details. It's possible we are looking at the armature of this ongoing family of figures in construction — their origins or shadow selves. They might be awaiting more layers of Wathen painterly treatment, a precise and expert mixing of paint into a Goya-naise tempera that in its layered application appears as peculiarly of the past as of the present. Or, maybe, their highly polished alter egos have recently exited the frame, leaving behind a reduced character essence.

The sense of museum lighting is still present in the compositional choreography, but in a more sculpture-court sense, the stark tonality and acidity-alkaline balance of his recently radicalised palette, evoking the aesthetics of medieval art and iconography. This isn't the first time Wathen has experimented with a looser approach, or a combination of different painterly styles. Take *Morbid Jealousy* (2014), an almost monochrome umber study of a neither peaceful nor pensive subject, whose hair appears part of the scrubbily brushed-in ground. Only their face, a porcelain mask of eerie perfection peering out atop a series of impressionistic strokes that approximate knitwear, appears to link this work with its predecessors.

In Wathen's neo-classical, heavy-lidded world of gestures, which appear to reference forms hewn rather than painted, one can almost grasp a whiff of the church nave and the climate-controlled spaces of the cultural institution. Certainly, we are a far cry from the stately home and the silk-lined pockets of patronage that previous works have put us in the associative vicinity of. Despite the evidence of recognisable art-historical symbolism — the clasped hands, folds of fabric, doe-eyed stares out of the plane — there is no sense of deference being paid to those depicted. At no point is their potential narrative complexity figuratively explained or made pictorially palatable.

Though of indeterminate age they wear a youthful blear, if one with a preserved, embalmed quality. There is nothing saccharine about their person, all rigid haircuts and semi-nudity worn, simultaneously, with the innocence of the child, the angst of the teen and the weary pathos of the saint. The closest one gets to 'sweet' is the dear face of an armless individual who, at squint's edge, it might be possible to imagine as a little boy, lost and floating in space. But that's the thing about Wathen's time-capsule play with sources, he creates characters open enough in referential remit to enable ample room for the viewer's self-projection.

New Eyes Every Time, the title of Wathen's recent solo exhibition at MOSTYN, suggests the refreshing of things and looking at them from another perspective. This is quite possibly a nod to where the artist finds himself in his making journey, as well as being alive to the intensity and strangeness of the present cultural moment, but his protagonists owe their oddity to a long line of relations, each one an amalgam of multiple human identities and perspectives. It also brings to mind the ocular — ways of seeing — and a sense of experiences distilled, both clear facets of interest in the creation of these paintings. Wathen's particular focus on the eyes of his subjects is intriguing. While some appear almost cartoon-wide, borderline Guston-esque in delicate single-tone faces, others glimmer with a strange sense of knowing, as if having seen it all before but resigned to the fact of being endlessly reconfigured, for all eternity, in paint.

[1] John Berger, "The Fayum Portraits", in: *The Shape of a Pocket,* Bloomsbury Publishing, 2001, p. 58.

Odrwydd Cywrain

Rebecca Geldard

"Mae'r cyfryngau yn amgylchynu pobl gyda nifer digynsail o ddelweddau, nifer ohonyn nhw'n wynebau. Mae'r wynebau'n ceryddu'n ddi-baid drwy ysgogi cenfigen, archwaeth newydd, uchelgais, neu weithiau, drueni ynghyd ag ymdeimlad o analllu. At hynny, mae delweddau'r holl wynebau hyn yn cael eu prosesu a'u dewis er mwyn ceryddu mor swnllyd â phosib, fel bod un apêl yn rhagori ar y llall ac yn dileu'r apêl nesaf." — John Berger [1]

Mewn byd o ddelweddau sy'n esgor ar ddelweddau eraill yn ddiddiwedd, wedi'u clipio, eu copïo a'u cadw ar gyfer nes ymlaen, mae'n anodd canfod unrhyw beth gweledol sy'n wirioneddol ryfedd. Heb sôn am ei adeiladu o storfa ddiddiwedd o ddata; anesmwythyd o ffynonellau hanesyddol gyda sgil a sylw rhyfeddol i fanylion mewn paent olew. Defnyddir geiriau fel 'trawiadol' yn aml y dyddiau yma i ddisgrifio'r cyfarfyddiadau gweledol mwyaf tafladwy. Fel y disgrifiodd John Berger yn addas yn y dyfyniad uchod, mae'r dyluniad y tu ôl i'r broses o gofnodi ac arddangos delweddau o bobl heddiw yn ymwneud cyn lleied â myfyrio, ac yn aml yn cael ei weld fel eiliad swatch-like mewn cacoffoni gweledol o nifer o rai eraill.

Gellid disgrifio'r arlunydd portreadau, o ystyried hirhoedledd y grefft fel ffordd o gofnodi'r wyneb a gwrthod cilio mewn byd sy'n fwyfwy effro gyda delweddaeth ymosodol sy'n seiliedig ar amser, fel un sy'n cychwyn o safle cyndyn yn dechnolegol. Neu, i'r gwrthwyneb, wedi'i ryddhau rhag cyfyngiadau 'gwirionedd' darluniadol i greu gofod delfrydol i ystyried agweddau ansicr y ddynoliaeth fodern. Mae cymeriadau ffuglennol Richard Wathen yn sicr yn ein denu gyda pherthnasedd chwilfrydig paentio fel proses gyfoes, ond hefyd ein hobsesiwn barhaus â chynrychiolaeth a gallu'r artist i gyflawni tebygrwydd neu i ddisgrifio cyflwr meddwl. Gellir ystyried y synwyrusrwydd sy'n cysylltu ei bynciau diweddaraf yn debyg iawn i hidlydd, gan greu ymdeimlad o'r cyfarwydd wrth weithredu fel haenen arddulliol rhwng y gwyliwr a'r pwnc. Haenen sydd wedi'i chreu'n goeth ac, o ganlyniad, yn ymddangos yn bell o'r oes sydd ohoni, sy'n gallu siarad yn feiddgar am ein problemau cyfredol gyda hunaniaeth fel brand personol.

Er mor rhyfedd a gwefreiddiol y mae gweithiau Wathen wastad yn ymddangos, mae natur gymhleth eu hadeiladwaith yn gofyn am lefel o ymrwymiad o du'r gwyliwr y tu hwnt i grafangau'r elfennau technegol. Efallai bod y paentiadau hyn wedi cael eu cynhyrchu i brofi ein gallu i ymgolli — neu ein parodrwydd i ymchwilio i natur ymgolli — gyda phosibiliadau paentio a dulliau'r rhai sydd wedi'u datblygu dros amser. Er ei fod yn llawn o fanylion y gellir eu hadnabod o bosibl, mae ei ddull o bortreadu wedi'i gynllunio i gythruddo, i dynnu'r gwyliwr allan o unrhyw foment unigol. Ychydig o droedleoedd darluniadol sydd yn y gweithiau newydd, ond er eu bod yn cael eu cadw rhag mynd i mewn i'r ffrâm yn yr ystyr gonfensiynol, rydym yn unrhyw beth ond analluog yn y broses dderbyn. O archwilio ymhellach, mae ailadrodd manylion, lliwiau ac ystumiau yn cyfuno i greu rhagosodiad diddorol, a'r angen i ddarganfod mwy am y cymeriadau gwelw hyn o'r isfyd hanesyddol coll.

Nid yw Wathen yn un sy'n cael ei ddenu at brint mân o ran union darddiad ei ffynonellau neu fanylion ei waith. Mae'n gwneud synnwyr y dylai'r gwyliwr fod yn gweithio o'r awgrymiadau lleiaf posib, o gofio mai nodi artist penodol neu gyfnod dylanwad yw dechrau'r broses o bypedu neu siapio cyfarfyddiad sydd eisoes wedi'i lwytho'n gyfeiriadol. Oherwydd mae'n amlwg bod ei ddull wedi dod i'r amlwg ar ôl cyfnod o drwytho mewn cymysgedd cyfoethog o ddylanwadau hynafol a modern. Mae pob delwedd yno i ni ei dehongli ac mae'n cynnig pos posib wrth gymathu: hybrid celf-hanesyddol wedi'i rwydo mor fân, weithiau mor llyfn â Teflon yn ei gymhwysiad materol fel ein bod, yn y lle cyntaf, yn cael ein swyno tuag at ymdeimlad ffug o sicrwydd wrth edrych ar y paentiadau hyn.

Yn yr ystyr mwyaf rhydd, efallai y cânt eu categoreiddio o dan y faner amorffaidd honno 'paentiadau am baentio', ond mae natur ansefydlog pob honiad cyfansoddiadol yn ychwanegu cylchoedd rhyng-gysylltiedig pellach at sefyllfa Venn. Mae ansawdd tebyg i sffincs i bob prif gymeriad fel cynwysyddion posibl ar gyfer ystyr, ond wrth ystyried y grŵp presennol yn dorfol, mae'n bosibl amgyffred cipolwg ar set benodol, os byth yn wirioneddol hysbys, o brofiadau dynol, wedi'u hidlo'n ofalus drwy dywod amser a lensys arsylwi pobl eraill. Mae Wathen wedi disgrifio ei weithiau fel "hunanbortreadau seicolegol", fel ffordd o amlinellu emosiynau cymhleth drwy ddefnyddio symbolaeth ac awgrym naratif cymeriadau sydd ymhell o'i hun o ddydd i ddydd. Er bod ymdeimlad o'r artist yn aml yn bresennol ym manylion unrhyw waith celf penodol, mae'n ymddangos bod ganddo lai o ddiddordeb yn ein gweld ni'n ceisio ei ddeall a chanfod agweddau ar ein hoffterau esthetig ein hunain a phwyntiau ysgogi wrth lwyfannu bodau dynol a phropiau sydd wedi'u steilio'n amlwg.

Mae diffiniadau o'r hyn rydym bellach yn eu hadnabod fel portreadau wedi ehangu'n sylweddol i gwmpasu pob math o agweddau ar y pwnc, dulliau cyflwyno a'r defnydd o ddeunyddiau. Felly ble mae arfer Wathen yn ffitio yn y gymysgedd? Yn y gorffennol, o bosibl rhwng fframio ffigurol dychanol yr arlunydd Americanaidd John Currin, ac adfeddiant greddfol yr arlunydd o Brydain Glenn Brown o atgynyrchiadau celf-hanesyddol. Yn sicr, o ran ôl-gatalog Wathen, fel gyda'r ddau o'r artistiaid hyn, mae yna ymdeimlad o ragosodiad artiffisial ar waith, ac un sy'n caniatáu ar gyfer perfformiad meistrolgar mewn disgrifiad arluniol. Yn ddiweddar, serch hynny, mae ei ddehongliad mwy cynnil o'r pwnc yn ei gyd-destun yn arwain at bwyntiau cyfeirio newydd i'w hystyried. Mae'n fath o bortread, efallai, sy'n ceisio siarad am berthnasedd paentio yng nghyd-destun ehangach cofnodi delweddau, lawn cymaint ag arwyddocâd posib y manylion a ddangosir.

Mae rhamantiaeth blwch siocled hynod gain y gweithiau cynharach wedi troi'n ymdriniaeth symlach o waith brwsh a chwarae cyfansoddol; mae ystumiau a manylion meistrolgar cyfnod mawreddog y sbectrwm celf-hanesyddol wedi'u disodli gan fanylion mwy uniongyrchol. Mae'n bosibl ein bod yn edrych ar arfogaeth y teulu parhaus hwn o ffigurau — eu gwreiddiau neu eu cysgodion eu hunain. Efallai eu bod yn aros am fwy o haenau o driniaeth arluniol Wathen, cymysgedd paent manwl ac arbenigol i tempera Goya-aidd sydd, yn ei ddefnydd haenog, yn ymddangos mor rhyfedd o'r gorffennol â'r presennol. Neu, efallai, bod eu alter egos cain wedi gadael y ffrâm yn ddiweddar, gan adael hanfod cymeriad llai ar ôl.

Mae'r ymdeimlad o oleuadau amgueddfa yn dal i fod yn bresennol yn y coreograffi cyfansoddol, ond mewn ystyr mwy cerflun-llys, lle mae tonyddiaeth pur a chydbwysedd asid-alcalïaidd ei balet, sydd wedi'i radicaleiddio'n ddiweddar, yn ein hatgoffa o estheteg celf ac eiconograffeg ganoloesol. Nid dyma'r tro cyntaf i Wathen arbrofi gydag arddull llacach, neu gyfuniad o wahanol arddulliau arluniol. Cymerwch *Morbid Jealousy* (2014), astudiaeth melyn-ddu sydd bron yn unlliw o bwnc nad yw'n heddychlon nac yn ddwys, y mae ei wallt yn ymddangos fel rhan o'r prysgwydd sydd wedi'i frwsio i mewn. Mae'n ymddangos mai dim ond eu hwyneb, mwgwd porslen o berffeithrwydd iasol sy'n syllu ar gyfres o drawiadau argraffiadol, sy'n debyg i waith gweu, sy'n cysylltu'r gwaith hwn â'i ragflaenwyr.

Ym myd ystumiau swrth, neo-glasurol Wathen, sy'n edrych fel pe baen nhw'n cyfeirio at ffurfiau sydd wedi'u naddu yn hytrach na'u paentio, gall rhywun bron amgyffred chwa o gorff yr eglwys a gofodau'r sefydliad diwylliannol lle rheolir yr hinsawdd. Yn sicr, mae'n fyd o wahaniaeth o'r plasty a'r pocedi nawdd â leinin sidan y mae gweithiau blaenorol wedi'u rhoi i ni. Er gwaethaf y dystiolaeth o symbolaeth celf-hanesyddol cyfarwydd — y dwylo wedi'u plethu, plygiadau yn y defnydd, y llygaid diniwed yn syllu — nid oes unrhyw ymdeimlad o barch yn cael ei roi i'r rhai sy'n cael eu portreadu. Nid yw cymhlethdod eu naratif posib yn cael ei egluro'n ffigurol ar unrhyw adeg na'i wneud yn dderbyniol yn ddarluniadol.

Er eu bod o oedran amhenodol, mae ganddyn nhw wawr ifanc, os nad ansawdd wedi'i bêr-eneinio a'i gadw mewn cyflwr da. Nid oes unrhyw beth gor-felys am eu person, yr holl doriadau gwallt llym a'r lled-noethni, ar yr un pryd, â diniweidrwydd y plentyn, ing y person ifanc a phathos blinedig y sant. Yr agosaf y daw rhywun at y 'melys' yw wyneb annwyl unigolyn heb fraich a allai, o gil y llygad, ei ddychmygu fel bachgen bach, ar goll ac yn arnofio yn y gofod. Ond dyna'r peth am y ffordd y mae Wathen yn chwarae gyda ffynonellau'r capsiwl amser, mae'n creu cymeriadau sy'n ddigon agored mewn cylch gwaith cyfeiriadol i alluogi digon o le i hunan-dafluniad y gwyliwr.

Mae *New Eyes Every Time,* teitl arddangosfa unigol ddiweddar Wathen yn MOSTYN, yn awgrymu adfywio pethau ac edrych arnyn nhw o bersbectif arall. Mae hyn o bosib yn nod i ble mae'r artist yn ei gael ei hun yn ei siwrnai, yn ogystal â bod yn effro i ddwyster a rhyfeddod yr eiliad ddiwylliannol bresennol, ond mae ei gymeriadau yn ddyledus i'w hodrwydd i linach hir o berthnasau, pob un yn amalgam o hunaniaethau a safbwyntiau dynol lluosog. Mae hefyd yn ein hatgoffa o'r ocwlar — ffyrdd o weld — ac ymdeimlad o brofiadau wedi'u crisialu, y ddwy yn agweddau clir o ddiddordeb yn y broses o greu'r paentiadau hyn. Mae pwyslais penodol Wathen ar lygaid ei bynciau yn ddiddorol. Tra bod rhai yn ymddangos bron iawn fel cartŵn Guston-aidd yn wynebau unlliw cain, mae eraill yn pefrio gydag ymdeimlad rhyfedd o wybod, fel pe baent wedi gweld y cyfan o'r blaen ond wedi derbyn y ffaith o gael eu hail-lunio'n ddiddiwedd, yn dragwyddol, mewn paent.

[1] John Berger, "The Fayum Portraits", in: *The Shape of a Pocket,* Bloomsbury Publishing, 2001, p. 58.

Figment, 2020

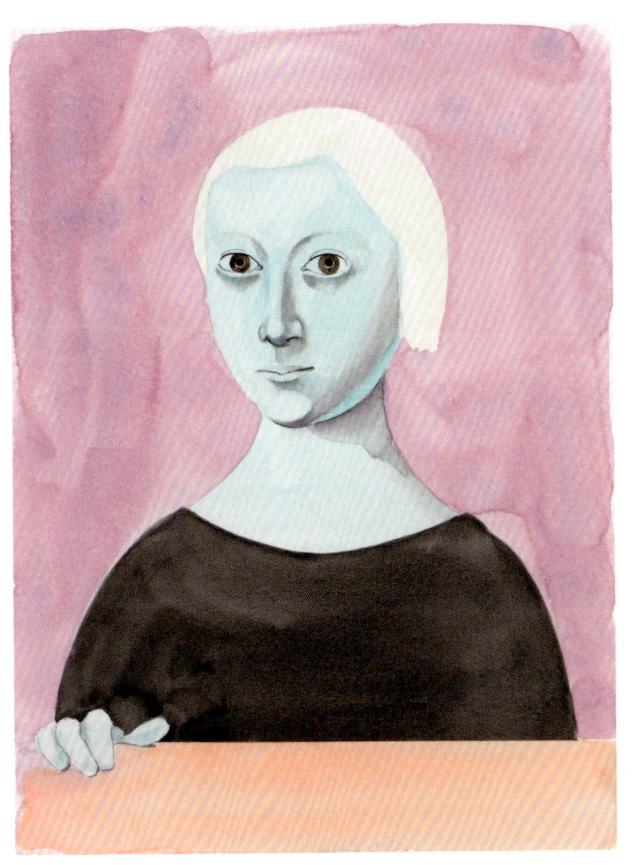

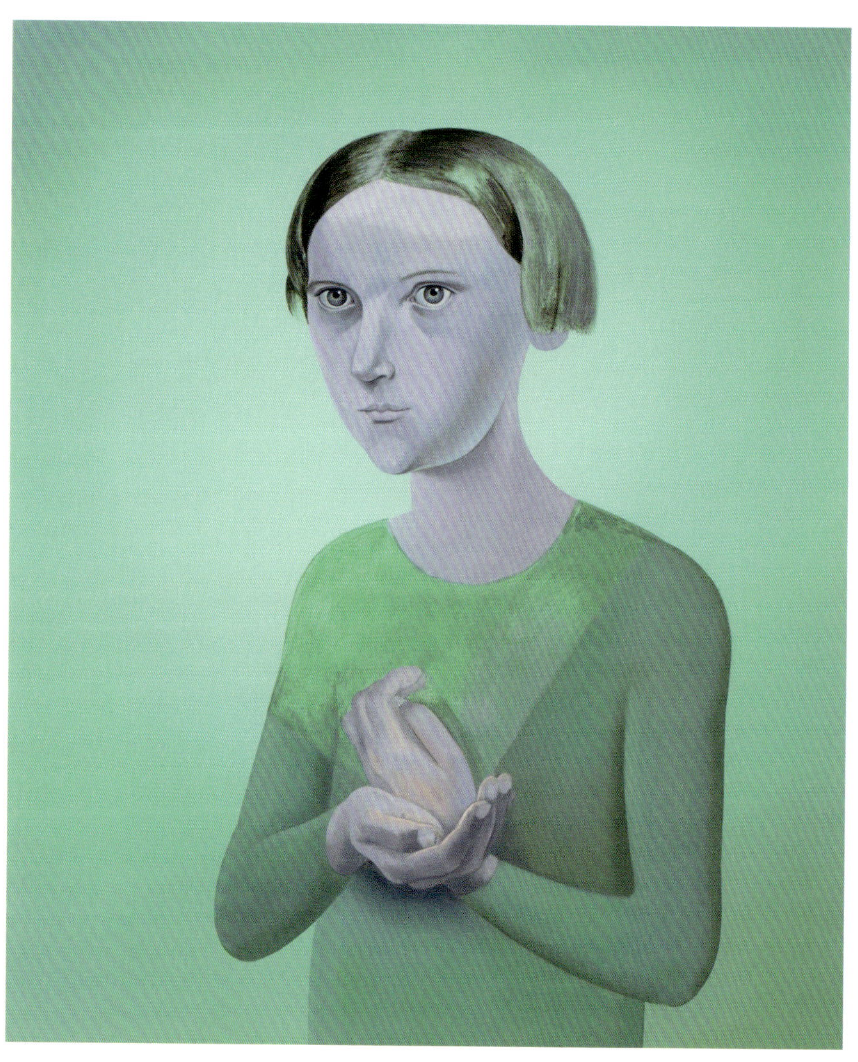

Moonbather III, 2018

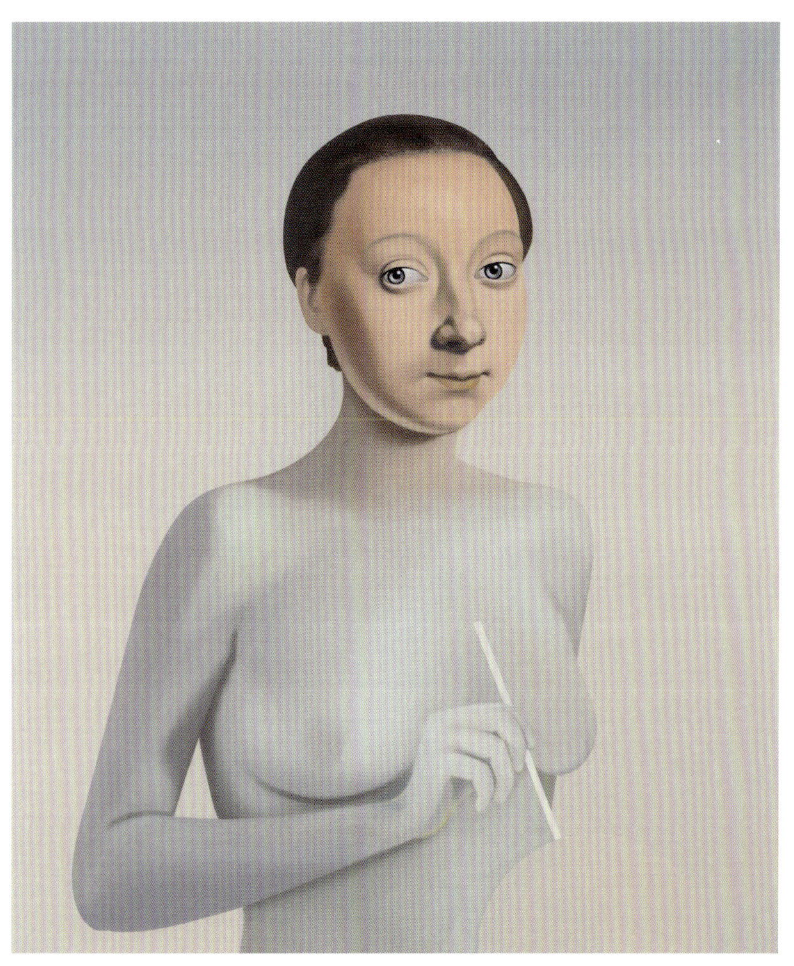

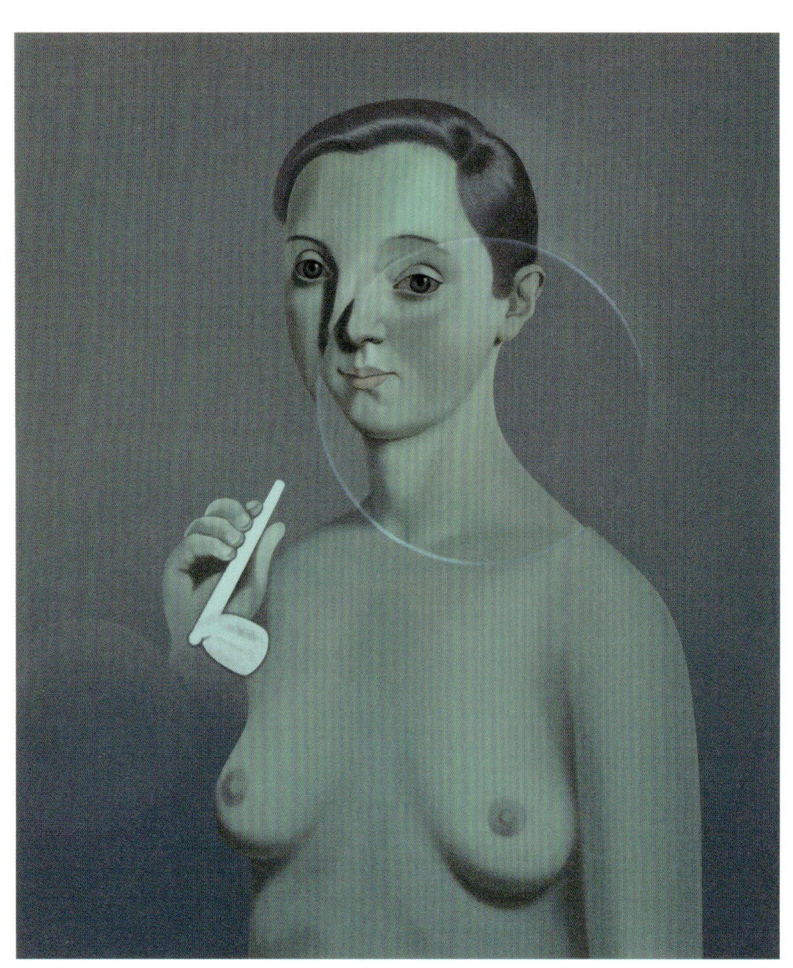

65

Moonbather, 2018

Bather, 2017

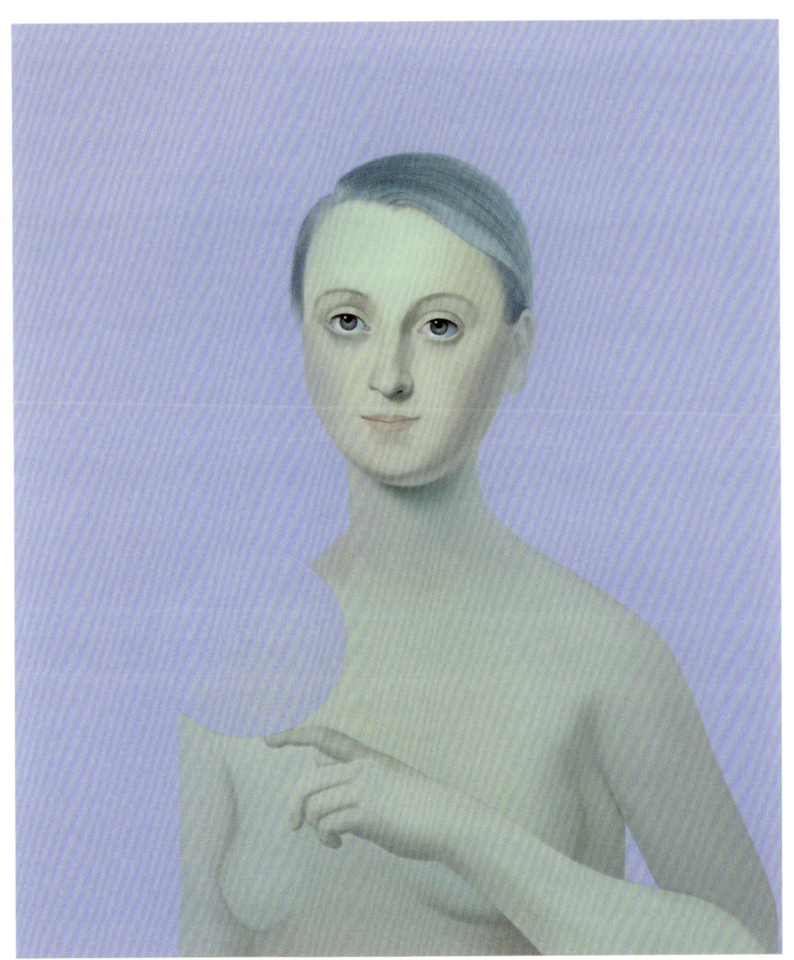

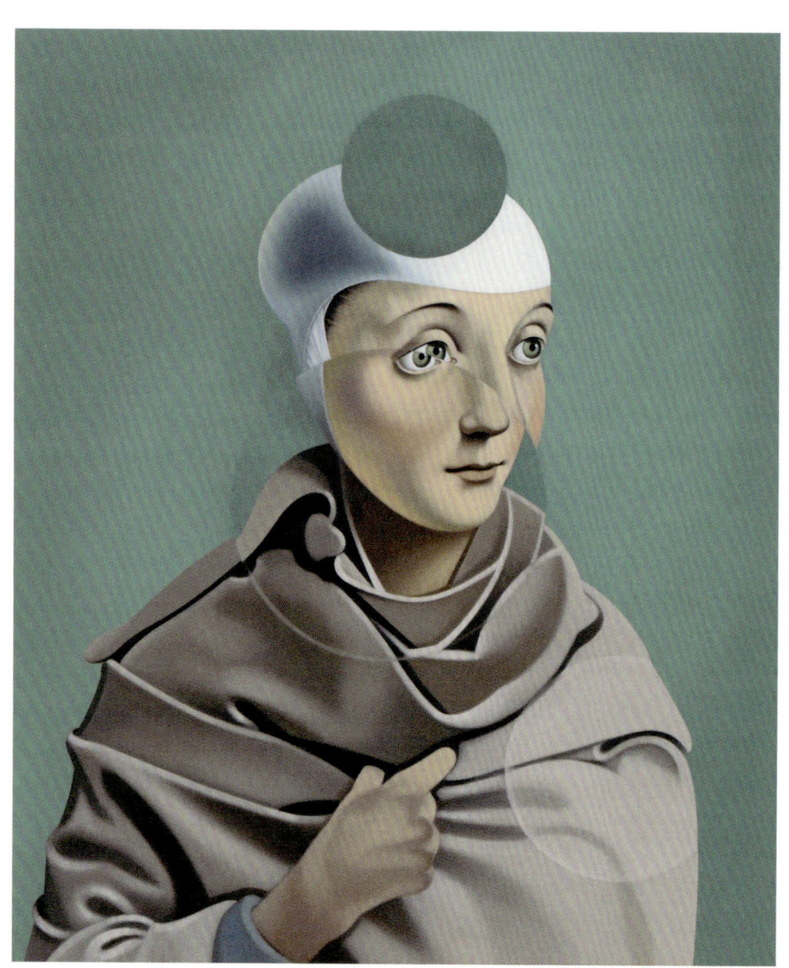

Mantled, 2017/18

Morbid Jealousy, 2014

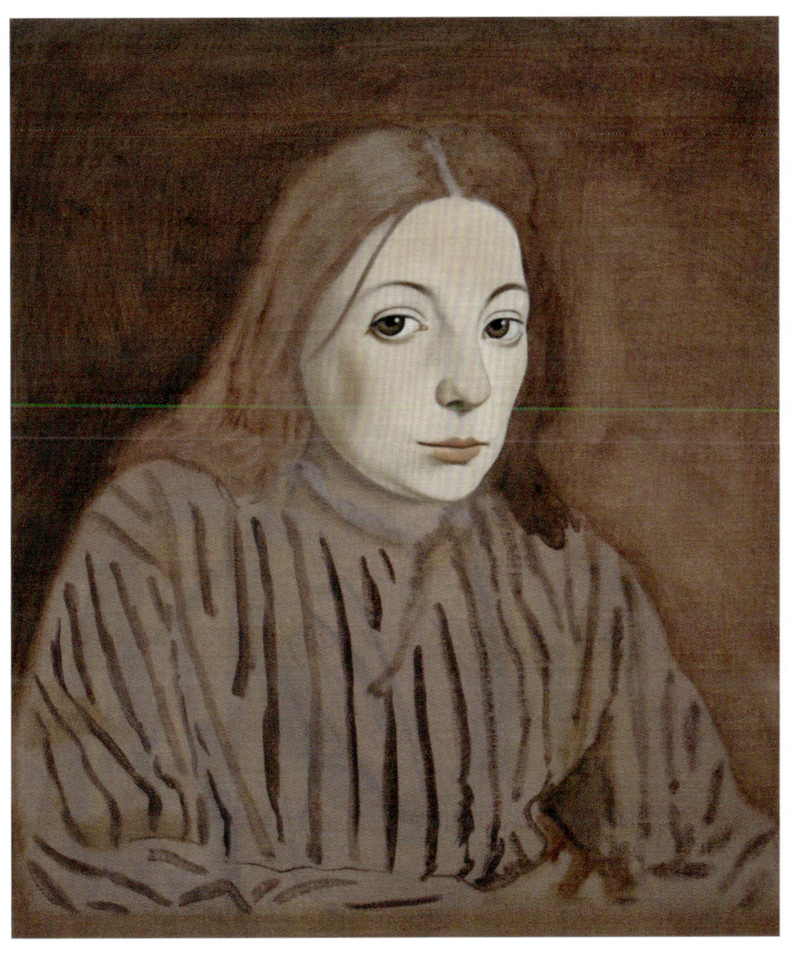

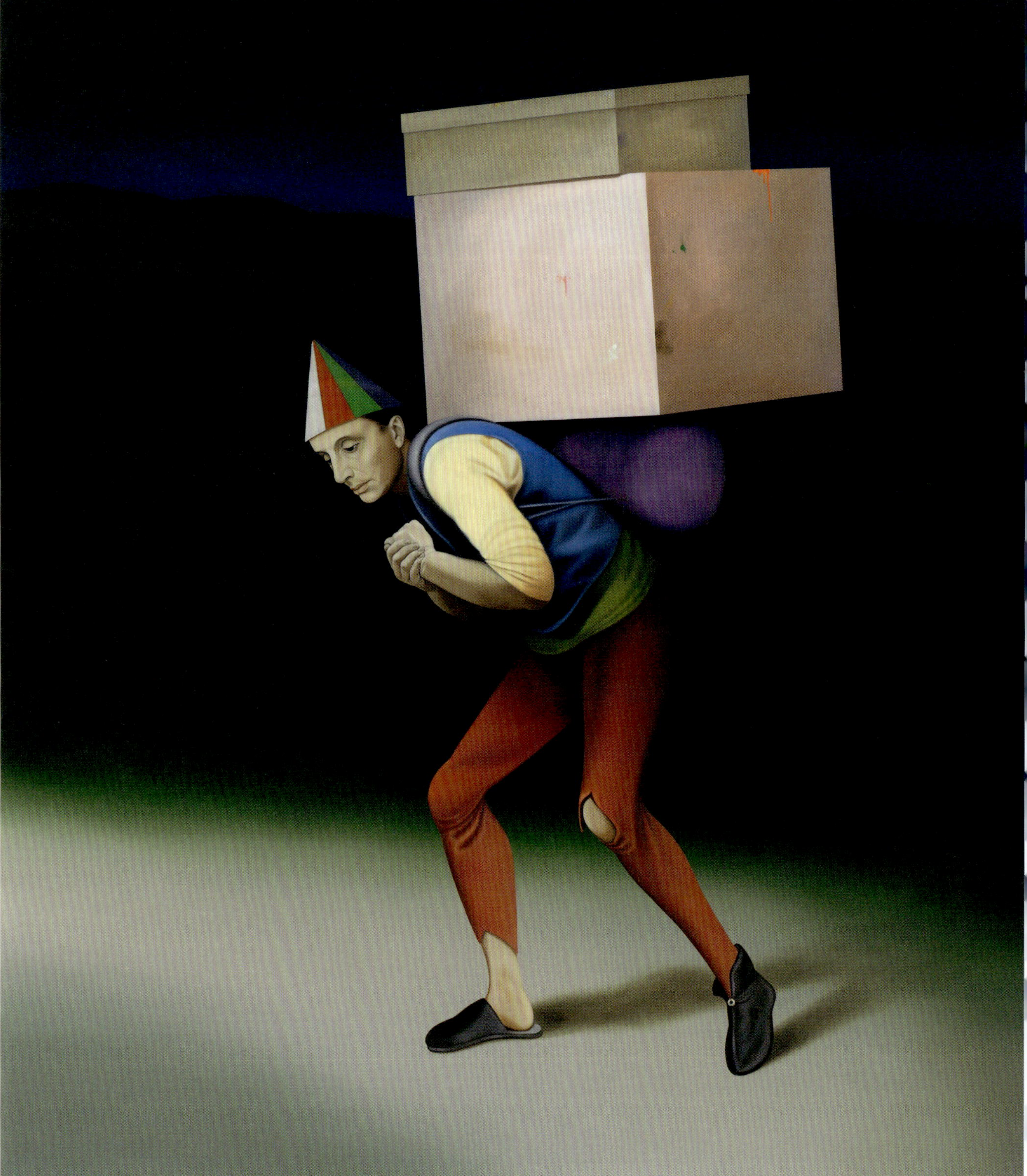

Modern Painter, 2011

The Eavesdropper, 2009

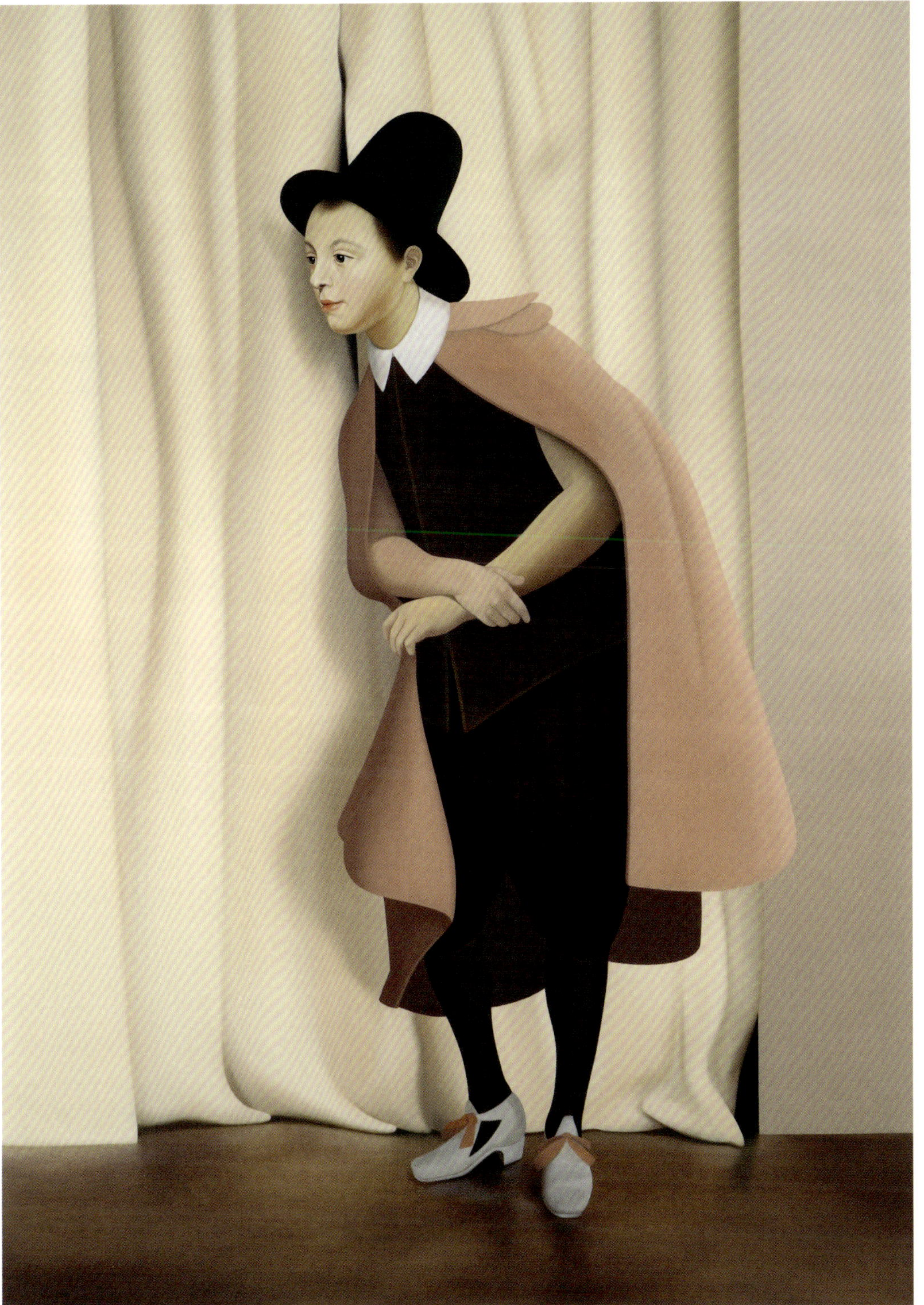

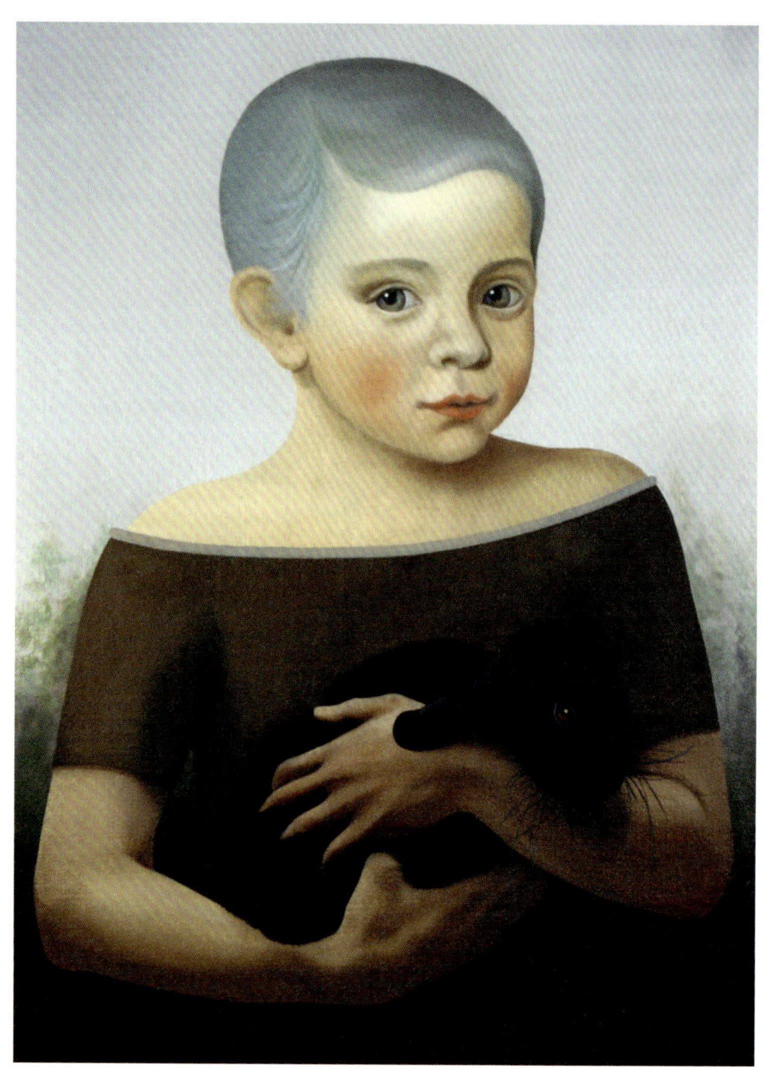

Olive, 2004

Over The Moor, 2003

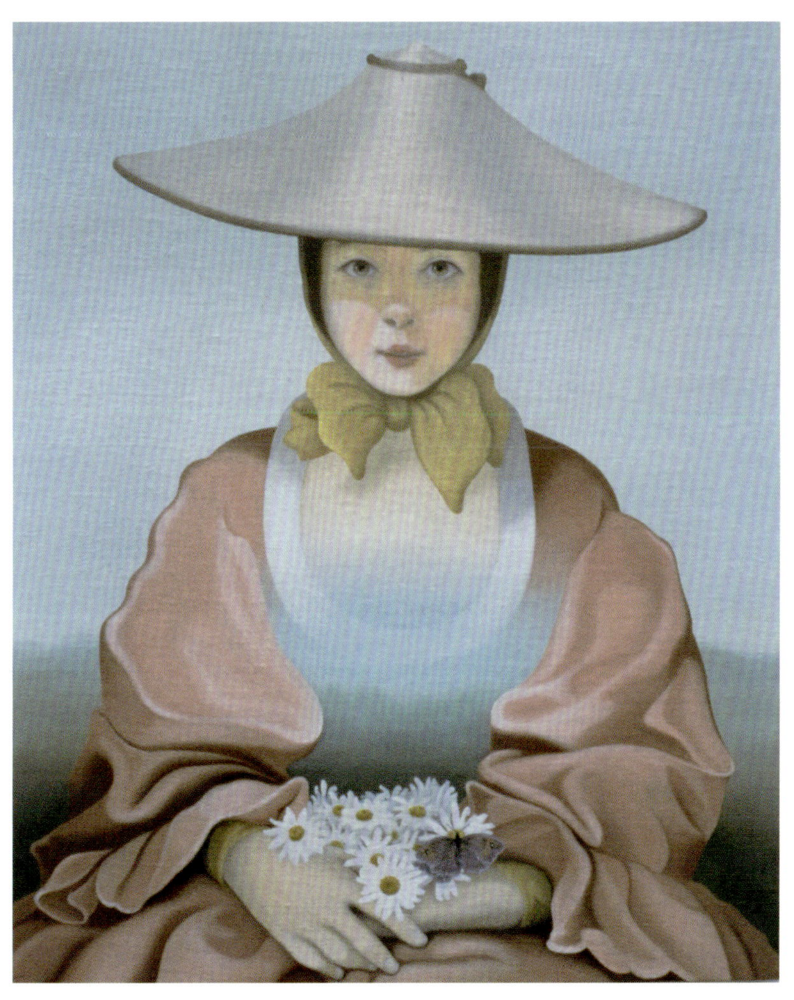

List of Works / Rhestr o Weithiau

p. 10
Figment, 2020
Oil on linen over aluminium panel
61 × 50 cm

p. 12
Eavesdropper, 2020
Oil on linen over aluminium panel
61 × 50 cm

p. 14
Sleeping after P.G, 2019
Oil on linen over aluminium panel
90 × 56 cm

p. 16
Silent Stories, 2020
Oil on linen over wood panel,
44 × 40.5 cm

p. 18
Floating in Still Water, 2019
Oil on linen over aluminium panel,
72 × 56 cm

p. 20
Jetty, 2020
Oil on linen over aluminium panel
240 × 362 cm

p. 22
Taraxacum, 2020
Oil on linen over aluminium panel
61 × 50 cm

p. 24
I'm Only Sleeping, 2020
Oil on linen over aluminium panel
210 × 130 cm

p. 26
Jut, 2020
Oil on linen over aluminium panel
61 × 50 cm

p. 28
Platform, 2020
Oil on linen over aluminium panel,
159 × 113 cm

p. 58
Figment, 2020
Watercolour on 300 gsm
Arches HP paper, 36 × 26 cm

p. 60
Futures and Pasts, 2019
Oil on linen over aluminium panel
61 × 50 cm

p. 62
Moonbather III, 2018
Oil on linen over aluminium panel
61 × 50 cm

p. 64
Moonbather, 2018
Oil on linen over aluminium panel
61 × 50 cm

p. 66
Bather, 2017
Oil on linen over aluminium panel
61 × 50 cm

p. 68
Mantled, 2017/18
Oil on linen over aluminium panel
61 × 50 cm

p. 70
Morbid Jealousy, 2014
Oil on linen over aluminium panel
61 × 50 cm

p. 72
Modern Painter, 2011
Oil on linen over aluminium panel
210 × 180 cm
Private collection

p. 74
The Eavesdropper, 2009
Oil on linen over aluminium panel
114 × 160 cm
Private collection

p .76
Olive, 2004
Oil on linen over wood panel
49 × 39 cm
Private collection

p. 78
Over The Moor, 2003
Oil on linen over wood panel
63.7 × 50.5 cm
Private collection

Richard Wathen
Born 1971, London, UK
Lives and works in Suffolk, UK /

Ganwyd 1971, Llundain, DU
Yn byw ac yn gweithio yn Suffolk

Solo Exhibitions / Arddangosfeydd Unigol

2020
New Eyes Every Time, MOSTYN, Wales, UK, curated by Alfredo Cramerotti

2019
Futures and Pasts, Atlas House, Ipswich, UK

2015
Annalisa Stevens, London, UK

2011
Max Wigram Gallery, London, UK

2009
Max Wigram Gallery, London, UK

2007
Max Wigram Gallery, London, UK

L&M Arts, New York, USA

2006
Max Wigram Gallery, London, UK

2005
The Valley is Broken, Salon 94, New York, USA

2004
Unpeaceable Kingdom, MW Projects, London, UK

Selected Group Exhibitions / Arddangosfeydd Grŵp Dethol

2020
The Collector's Room, JGM Gallery, London, UK, curated by Karen David

2019
MOSTYN Open 21, MOSTYN, Wales, UK, selected by Alfredo Cramerotti, Hannah Conroy, Katerina Gregos and Jennifer Higgie

Preparing For Darkness, vol. 3 Kühlhaus, Berlin, Germany, curated by Uwe Goldenstein

2018
3–5 Silent Street, Ipswich, UK, curated by Adam Thompson

2016
El Dorado, Horatio Junior, London, UK

2015
Tutti Frutti, Turps Banana Gallery, London, UK

Love: The First Of The 7 Virtues, Hudson Valley Center For Contemporary Art, New York, USA

2014
States of Mind, Maison Particulière, Brussels, Belgium

2013
The Opinion Makers, Lubomirov-Easton, London

2012
Wonderful — Humboldt, Crocodile & Polke —The Olbricht Collection, ME Collectors Room, Berlin, Germany

Paintings, Max Wigram Gallery, London, UK

2011
Angels and Urchins, 400 years of Children's Portraits, Kunsthalle Krems, Krems, Austria

From the Recent Past: New Acquisitions, The Museum of Contemporary Art, Los Angeles, USA

Memories of the Future —The Olbricht Collection, La Maison Rouge, Paris, France, curated by Wolfgang Schoppmann

2010
Bigminis — Fetishes of Crisis, CAPC Musee d'Art Contemporain de Bordeaux, France

Lust of Life and Dance of Death: Works from the Olbricht Collection, KunsthalleKrems, Krems, Austria

2010
Karl Fritsch + Takeshi Miyakawa + Richard Wathen Salon 94, New York, USA

Dawnbreakers, John Hansard Gallery, Southampton, UK

Passion Fruits — picked from the Olbricht Collection, ME Collectors Room, Berlin, Germany

2009
Young/Old Masters, Robillant+Voena, London, UK

2008
Park Avenue, Southampton City Art Gallery, Southampton, UK

Go For It, Neues Museum Weserburg, Bremen

No End in Sight, Galerie Polaris, Paris, France

2007
Old School, Zwirner & Wirth, New York, USA

Old School, Hauser and Wirth, London, UK

2006
Thc Monty Hall Problem, Blum and Poe, Los Angeles, USA, curated by Slater Bradley

Eau Sauvage, Lucy Mackintosh Gallery, Lausanne, Switzerland

2005
Threshold, Max Wigram Gallery, London, UK

Silent Stories, Galerie Martin Janda, Vienna, Austria

New Figuration, Christina Wilson Gallery, Copenhagen, Denmark

Faux Realism, Rockwell Gallery, London, UK

2004
Expander, Royal Academy of Arts at 6 Burlington Gardens, London, UK, curated by Mustafa Hulusi

Year Zero 'Vanitas', The Northern Gallery for Contemporary Art, Sunderland, UK

She's Come Undone, Greenberg Van Doren Gallery, New York, USA, curated by Augusto Arbizo

Britannia Works, Ileana Tounta Contemporary Art Centre & Xippas Gallery, Athens, Greece, curated by Katerina Gregos

2003
Godzilla, SODA Space, London, UK

Selected Paintings, MW Projects, London, UK

The Rocca Pistola Collection, New Inn Gallery, London, UK

Author Biographies / Bywgraffiadau Awdur

Alfredo Cramerotti

A cultural entrepreneur working at the intersection of contemporary art and mass media culture, Alfredo Cramerotti is Director of MOSTYN, Wales UK and Adviser to the British Council Visual Arts Acquisition Committee and the Art Institutions of the 21st Century Foundation. He has curated radio and television formats in Germany and Denmark, three national pavilions at the Venice Biennale, EXPO Film & Video in Chicago, and the biennials *Sequences VII* in Reykjavik, Iceland and *Manifesta 8,* Region of Murcia, Spain. He serves as Vice-President of AICA (International Association Art Critics), President Cand. of IKT (International Association Curators Contemporary Art), Co-Chair of VAGW (Visual Arts Group Wales) and is a member of CIMAM (International Committee for Museums and Collections of Modern Art). He holds a PhD in Communication Design and Photography and has had over 200 texts published on art, media and curatorial practice, contributing to a large number of books, catalogues, monographs and online journals. Alfredo is Editor-in-Chief of the *Critical Photography book* series (Intellect Books), and his own publications include *Curating the Image: Notebook for a Visual Journey* (2020); *Forewords: Hyperimages and Hyperimaging* (2018); *Unmapping the City: Perspectives of Flatness* (2010); and *Aesthetic Journalism: How to Inform Without Informing* (2009).

Fel entrepreneur diwylliannol sy'n gweithio ar groesffordd celf gyfoes a'r diwylliant cyfryngau torfol, Alfredo Cramerotti yw Cyfarwyddwr MOSTYN, Cymru, DU a Chynghorydd Pwyllgor Caffaeliadau Celf Weledol y British Council a Sefydliadau Celf Sefydliad yr 21ain Ganrif. Mae wedi curadu fformatau radio a theledu yn yr Almaen a Denmarc, tri phafiliwn cenedlaethol yn y Venice Biennale, EXPO Film & Video yn Chicago, a'r digwyddiadau Sequences VII yn Reykjavik, Gwlad yr Iâ a Manifesta 8, Rhanbarth Murcia, Sbaen, bob yn ail flwyddyn. Gwasanaethodd fel Is-Lywydd AICA (Cymdeithas Ryngwladol y Beirniaid Celf), Llywydd IKT (Cymdeithas Ryngwladol Curaduron Celf Gyfoes), Cyd-Gadeirydd VAGW (Visual Arts Group Wales) ac aelod o CIMAM (Y Pwyllgor Rhyngwladol ar gyfer Amgueddfeydd a Chasgliadau Celf Fodern). Mae ganddo PhD mewn Dylunio Cyfathrebu a Ffotograffiaeth ac mae wedi cyhoeddi dros 200 o destunau ar gelf, y cyfryngau ac ymarfer curadurol, gan gyfrannu at nifer fawr o lyfrau, catalogau, monograffau a chyfnodolion ar-lein. Alfredo yw Prif Olygydd y gyfres o lyfrau Critical Photography (Intellect Books), ac mae ei gyhoeddiadau ei hun yn cynnwys *Curating the Image: Notebook for a Visual Journey* (2020); *Forewords: Hyperimages and Hyperimaging* (2018); *Unmapping the City: Perspectives of Flatness* (2010); ac *Aesthetic Journalism: How to Inform Without Informing* (2009).

Juan Bolivar

Juan Bolivar is a British artist, curator, and lecturer in painting at Camberwell College of Arts. He lives and works in London. Born in Caracas, Venezuela, Bolivar graduated from Goldsmiths College in 2003. His paintings negotiate the tension between meaning and form. He combines elements from disparate sources to investigate hybridity, language and abstraction. Bolivar's work often re-enacts seminal canons of modernist painting such as Kazimir Malevich's 'Black Square', using this context for (mis)interpretation to create new meanings from the sublime to the ridiculous. His work is included in The Government Art Collection, and selected for significant exhibitions such as *New British Painting* at John Hansard Gallery, University of Southampton (2004) and *East International* at Norwich School of Art (2007). His work was included in Nanjing Museum's first international exhibition of contemporary art where he was a prize winner (2015) and he has twice been a recipient of a *Pollock-Krasner* award (2001 and 2009) As an independent curator, he has worked on over 50 exhibitions with a focus on inclusivity, multidisciplinary practice and polysemic cultural dialogues.

Mae Juan Bolivar yn artist Prydeinig ac yn guradur a darlithydd paentio yng Ngholeg Celf Camberwell. Mae'n byw ac yn gweithio yn Llundain. Cafodd Bolivar ei eni yn Caracas, Venezuela, a graddiodd o Goleg Goldsmiths yn 2003. Mae ei baentiadau yn trafod y tensiwn rhwng ystyr a ffurf. Mae'n cyfuno elfennau o ffynonellau gwahanol i archwilio croesrywedd, iaith a haniaeth. Yn aml, mae gwaith Bolivar yn ail-greu canonau arloesol peintio modernaidd fel 'Black Square' gan Kazimir Malevich, gan ddefnyddio'r cyd-destun hwn i (gam) ddehongli i greu ystyron newydd – o'r gwych i'r gwachul. Mae ei waith wedi'i gynnwys yng Nghasgliad Celf y Llywodraeth, a chafodd ei ddewis ar gyfer arddangosfeydd arwyddocaol fel y *New British Painting* yn Oriel John Hansard Gallery, Prifysgol Southampton (2004) a'r *East International* yn Ysgol Gelf Norwich (2007). Cafodd ei waith ei gynnwys yn arddangosfa celf gyfoes ryngwladol gyntaf Amgueddfa Nanjing, lle enillodd wobr (2015) a derbyniodd wobr *Pollock-Krasner* ddwywaith (2001 a 2009). Fel curadur annibynnol, mae wedi gweithio ar dros 50 o arddangosfeydd gyda phwyslais ar gynwysoldeb, ymarfer amlddisgyblaethol a deialogau diwylliannol polysemig.

Rebecca Geldard

Rebecca Geldard is a writer, editor and curator based in Powys, Wales. Her writing has appeared regularly in a variety of publications, including Art Review, Guardian online, MAP, Modern Painters and Time Out. A member of AICA, Geldard's essays in 2020 include 'Figuring it out: the human concerns of Chantal Joffe, Sara-Vide Ericsson and Anna Bjerger' for the Danish art fair Chart's publication 'De-Centred'; 'Ceramic Painting', on the work of Clare Goodwin for her recent exhibition at Lullin + Ferrari Gallery, Zurich; and observations on two works by Vittorio Santoro are due to appear in a forthcoming mid-career monograph on the Swiss/Italian artist in 2021. In October, she curated the group show 'Real Time', at Coleman Project Space in London, featuring artists Neil Gall, Martin Gayford, Nicky Hirst, Lee Maelzer, Max Mason and Zoe Mendelson. She is the creator and editor of appleandhat.com, an arts and humanities portal.

Mae Rebecca Geldard yn awdur, golygydd a churadur sy'n byw ym Mhowys yng Nghymru. Mae ei gwaith ysgrifennu wedi ymddangos yn rheolaidd mewn amrywiaeth o gyhoeddiadau, gan gynnwys yr Art Review, Guardian online, MAP, Modern Painters a Time Out. Yn aelod o'r AICA, mae traethodau Geldard yn ystod 2020 yn cynnwys 'Figuring it out: the human concerns of Chantal Joffe, Sara-Vide Ericsson and Anna Bjerger' ar gyfer 'De-Centred' cyhoeddiad y ffair gelf o Ddenmarc, Chart; 'Ceramic Painting', ar waith Clare Goodwin ar gyfer ei harddangosfa ddiweddar yn Oriel Lullin + Ferrari, Zurich; ac mae ei sylwadau ar ddau ddarn o waith gan Vittorio Santoro ar fin ymddangos mewn monograff canol-gyrfa yr artist o'r Eidal/Swistir yn ystod 2021. Ym mis Hydref, fe wnaeth guradu y sioe grŵp 'Real Time' yn y Coleman Project Space yn Llundain, gyda'r artistiaid Neil Gall, Martin Gayford, Nicky Hirst, Lee Maelzer, Max Mason a Zoe Mendelson. Hi yw sylfaenydd a golygydd appleandhat.com, porth y celfyddydau a'r dyniaethau.

Acknowledgement / Cydnabyddiaeth

I would like to thank / Hoffwn ddiolch i

Lucy Woodhouse, Simone Haack, Doug Burton, Michael Briggs and Anna Meliksetian, Sally Jane and Toby Reddington, Karen Haskey, Adam Thompson, Christiane Lyons, Alfredo Cramerotti, Kim James-Williams, Rania Abboud, Ross and Laura Clark, David Moffat, Karen Densham, Terry Bond, Alexis Burgess, Stefaan Haegeman and Salvatore Moschetto, Shezad Dawood, Tony Mangle, Karen White, Iain Andrews, Reece Jones, Parham Ghalamdar, Jonathan Wateridge, Sam Jackson, Mikey Cuddihy, Peps Barkhan, John Greenwood, Richard Wathern, Andrew Churchill, Kate Atkin, Carwyn Evans, Martyn Cross, Duncan Swann, Andrew Griffiths, Karen Wright, Simon Willems, Trine Gro Øbro Kislov, James Cross, Alison Myners, Gideon Rubin, Neil Hamon, Mary Carr, Jessica Baker, Karen Walshe, Scott Lorinsky, Stephen Chambers, Markus Vater, Orson Witkin, Ann McCay, Stephanie Nebbia, Penny Aaron, Mali Morris, Claude Vergez, Kiera Bennett, Josephine Macintosh, Tarek Mouganie, Andrew Bracey, Andrew Cranston, Deborah White, Loretta Wall, Marc Berger, Rebekah Todd, Hannah Castle, Alexis Soul Gray, Rachel Shaw Ashton, Alexia Green

Very special thanks to / Diolch arbennig iawn i

Alfredo Cramerotti, Juliette Desorgues, Lin Cummins, Mark Hughes and everyone at MOSTYN for their incredible support with the exhibition. Matthias Kliefoth, Charlotte Riggert, Manuel Tayarani and all at DISTANZ for their enthusiasm and expertise and to Rebecca Geldard and Juan Bolivar for their wonderful texts. Raffaele Baldon and Chiara Mazagg for their incredible generosity and support of the book. Thanks also to Karen David, Chris Carr, Vanita Barany, Uwe Goldenstein, Rob Welch, Paula Sanders, Jennifer Higgie, Katerina Gregos, Hannah Conroy and to all those who follow the work.

Colophon / Coloffon

This catalogue is published on
the occasion of the exhibition /
Cyhoeddir y catalog hwn ar
achlysur yr arddangosfa

Richard Wathen: New Eyes Every Time /
Llygaid Newydd Bob Tro
14 November 2020—18 April 2021 /
14 Tachwedd 2020—18 Ebrill 2021

MOSTYN

Exhibition Curator / Curadur Arddangosfa
Alfredo Cramerotti

Catalogue Editor / Golygydd Catalog
Alfredo Cramerotti

Concept / Cysyniad
Matthias Kliefoth, DISTANZ

Texts / Testunau
Juan Bolivar
Alfredo Cramerotti
Rebecca Geldard

Translation / Cyfieithiad
CYMEN

Design / Dyluniad
Manuel Tayarani, DISTANZ

Production Management / Rheolaeth Cynhyrchu
Charlotte Riggert, DISTANZ

Printing and Binding / Argraffu a Rhwymo
optimal media GmbH, Röbel/Müritz

Photo Credits / Ffotograffiaeth
Douglas Atfield, Mark Blower, and Francis Ware

Distribution / Dosbarthiad
Edel Germany GmbH
www.edel.com
international-books@edel.com

ISBN 978-3-95476-390-0
Printed in Germany / Argraffwyd yn yr Almaen